So wird es gemacht:

Öffne das LÜK-Kontrollgerät und lege die Plättchen in den unbedruckten Deckel. Jetzt kannst du auf den Plättchen und auf der Bodenplatte

die Zahlen [1] bis [24] sehen.

Beispiel: Seite 2: Forme in Bruchzahlen um!
Nimm ein Plättchen – z.B. das Plättchen [1] und lies die Aufgabe Nr.1: $8 = \frac{\;}{2}$
Löse die Aufgabe und suche das richtige Ergebnis in der Lösungsspalte. Das richtige Ergebnis heißt $\frac{16}{2}$. Daneben steht die Feldzahl auf der du das Plättchen ablegen mußt.
Lege also das Plättchen [1] auf das Feld 9 der Bodenplatte.
Die Zahl **1** muß nach oben zeigen.

1	2	3	4	5	6
7	8	9	10	11	12
13	14	15	16	17	18
19	20	21	22	23	24

So mußt du weiterarbeiten, bis alle Plättchen auf der Bodenplatte liegen.

Schließe dann das Gerät und lege es herum. Öffne es von der Rückseite! Wenn du das bei der Übungsreihe abgebildete Muster siehst, hast du alle Aufgaben richtig gelöst.
Passen einige Plättchen nicht in das Muster, dann hast du dort Fehler gemacht.
Wende diese Plättchen dort, wo sie liegen, um, schließe den Kasten, lege ihn herum und öffne ihn wieder. Nun kannst du sehen, welche Aufgaben du falsch gelöst hast.
Nimm jetzt diese Plättchen heraus und suche die richtigen Ergebnisse!
Kontrolliere dann noch einmal! Stimmt jetzt das Muster?

Und nun viel Spaß!

Forme in Bruchzahlen um!

1	$8 = \frac{\ }{2}$	$\frac{2}{2}$	1
2	$5 = \frac{\ }{4}$	$\frac{4}{2}$	7
3	$10 = \frac{\ }{4}$	$\frac{6}{2}$	23
4	$5 = \frac{\ }{8}$	$\frac{8}{2}$	20
5	$1 = \frac{\ }{2}$	$\frac{10}{2}$	24
6	$8 = \frac{\ }{8}$	$\frac{12}{2}$	14
7	$9 = \frac{\ }{2}$	$\frac{14}{2}$	4
8	$7 = \frac{\ }{4}$	$\frac{16}{2}$	9
9	$2 = \frac{\ }{2}$	$\frac{18}{2}$	5
10	$4 = \frac{\ }{8}$	$\frac{20}{2}$	22
11	$7 = \frac{\ }{2}$	$\frac{4}{4}$	6
12	$1 = \frac{\ }{4}$	$\frac{12}{4}$	15
13	$6 = \frac{\ }{8}$	$\frac{16}{4}$	16
14	$3 = \frac{\ }{2}$	$\frac{20}{4}$	11
15	$10 = \frac{\ }{8}$	$\frac{28}{4}$	3
16	$10 = \frac{\ }{2}$	$\frac{40}{4}$	8
17	$9 = \frac{\ }{8}$	$\frac{8}{8}$	13
18	$4 = \frac{\ }{2}$	$\frac{32}{8}$	2
19	$7 = \frac{\ }{8}$	$\frac{40}{8}$	10
20	$3 = \frac{\ }{4}$	$\frac{48}{8}$	21
21	$1 = \frac{\ }{8}$	$\frac{56}{8}$	18
22	$5 = \frac{\ }{2}$	$\frac{64}{8}$	12
23	$4 = \frac{\ }{4}$	$\frac{72}{8}$	17
24	$6 = \frac{\ }{2}$	$\frac{80}{8}$	19

1	$2 = \frac{\ }{3}$	$\frac{3}{3}$	5
2	$4 = \frac{\ }{3}$	$\frac{6}{3}$	23
3	$6 = \frac{\ }{3}$	$\frac{9}{3}$	11
4	$3 = \frac{\ }{6}$	$\frac{12}{3}$	9
5	$5 = \frac{\ }{6}$	$\frac{15}{3}$	22
6	$7 = \frac{\ }{3}$	$\frac{18}{3}$	20
7	$4 = \frac{\ }{6}$	$\frac{21}{3}$	10
8	$5 = \frac{\ }{9}$	$\frac{27}{3}$	7
9	$1 = \frac{\ }{9}$	$\frac{30}{3}$	8
10	$10 = \frac{\ }{9}$	$\frac{6}{6}$	18
11	$1 = \frac{\ }{6}$	$\frac{18}{6}$	24
12	$8 = \frac{\ }{6}$	$\frac{24}{6}$	3
13	$3 = \frac{\ }{3}$	$\frac{30}{6}$	13
14	$10 = \frac{\ }{6}$	$\frac{36}{6}$	15
15	$9 = \frac{\ }{3}$	$\frac{42}{6}$	2
16	$2 = \frac{\ }{9}$	$\frac{48}{6}$	4
17	$6 = \frac{\ }{6}$	$\frac{60}{6}$	21
18	$10 = \frac{\ }{3}$	$\frac{9}{9}$	19
19	$4 = \frac{\ }{9}$	$\frac{18}{9}$	12
20	$1 = \frac{\ }{3}$	$\frac{36}{9}$	16
21	$2 = \frac{\ }{12}$	$\frac{45}{9}$	17
22	$5 = \frac{\ }{3}$	$\frac{90}{9}$	14
23	$3 = \frac{\ }{12}$	$\frac{24}{12}$	1
24	$7 = \frac{\ }{6}$	$\frac{36}{12}$	6

Forme in Ganze um!
Die Antwort ist zugleich die Feldzahl

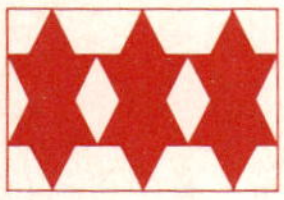

1 $\frac{26}{2} =$
2 $\frac{34}{2} =$
3 $\frac{128}{8} =$
4 $\frac{56}{4} =$
5 $\frac{6}{2} =$
6 $\frac{144}{8} =$
7 $\frac{10}{2} =$
8 $\frac{2}{2} =$
9 $\frac{120}{8} =$
10 $\frac{8}{2} =$
11 $\frac{4}{2} =$
12 $\frac{24}{4} =$
13 $\frac{38}{2} =$
14 $\frac{92}{4} =$
15 $\frac{168}{8} =$
16 $\frac{80}{4} =$
17 $\frac{22}{2} =$
18 $\frac{88}{4} =$
19 $\frac{48}{4} =$
20 $\frac{28}{4} =$
21 $\frac{36}{4} =$
22 $\frac{48}{2} =$
23 $\frac{16}{2} =$
24 $\frac{20}{2} =$

1 $\frac{66}{6} =$
2 $\frac{42}{6} =$
3 $\frac{90}{9} =$
4 $\frac{36}{3} =$
5 $\frac{63}{3} =$
6 $\frac{24}{3} =$
7 $\frac{57}{3} =$
8 $\frac{69}{3} =$
9 $\frac{81}{9} =$
10 $\frac{66}{3} =$
11 $\frac{72}{3} =$
12 $\frac{120}{6} =$
13 $\frac{15}{3} =$
14 $\frac{9}{9} =$
15 $\frac{9}{3} =$
16 $\frac{36}{6} =$
17 $\frac{78}{6} =$
18 $\frac{36}{9} =$
19 $\frac{126}{9} =$
20 $\frac{102}{6} =$
21 $\frac{135}{9} =$
22 $\frac{12}{6} =$
23 $\frac{108}{6} =$
24 $\frac{48}{3} =$

1 $\frac{45}{5} =$
2 $\frac{230}{10} =$
3 $\frac{140}{7} =$
4 $\frac{70}{7} =$
5 $\frac{5}{5} =$
6 $\frac{84}{7} =$
7 $\frac{170}{10} =$
8 $\frac{20}{5} =$
9 $\frac{49}{7} =$
10 $\frac{70}{5} =$
11 $\frac{30}{10} =$
12 $\frac{42}{7} =$
13 $\frac{220}{10} =$
14 $\frac{55}{5} =$
15 $\frac{190}{10} =$
16 $\frac{210}{10} =$
17 $\frac{25}{5} =$
18 $\frac{40}{5} =$
19 $\frac{90}{5} =$
20 $\frac{75}{5} =$
21 $\frac{91}{7} =$
22 $\frac{120}{5} =$
23 $\frac{160}{10} =$
24 $\frac{14}{7} =$

Forme gemischte Zahlen in Bruchzahlen um!

1	$3\frac{1}{2} =$	$\frac{5}{2}$	9
2	$1\frac{1}{4} =$	$\frac{7}{2}$	15
3	$2\frac{1}{8} =$	$\frac{9}{2}$	3
4	$4\frac{1}{8} =$	$\frac{11}{2}$	8
5	$1\frac{3}{4} =$	$\frac{15}{2}$	10
6	$3\frac{5}{8} =$	$\frac{5}{4}$	13
7	$1\frac{1}{12} =$	$\frac{7}{4}$	11
8	$2\frac{1}{2} =$	$\frac{11}{4}$	24
9	$4\frac{5}{8} =$	$\frac{15}{4}$	16
10	$2\frac{3}{4} =$	$\frac{23}{4}$	12
11	$1\frac{5}{12} =$	$\frac{17}{8}$	6
12	$6\frac{1}{8} =$	$\frac{29}{8}$	2
13	$4\frac{1}{2} =$	$\frac{33}{8}$	4
14	$10\frac{3}{8} =$	$\frac{37}{8}$	17
15	$2\frac{1}{12} =$	$\frac{49}{8}$	20
16	$3\frac{3}{4} =$	$\frac{83}{8}$	1
17	$3\frac{1}{12} =$	$\frac{97}{8}$	14
18	$4\frac{5}{12} =$	$\frac{13}{12}$	7
19	$5\frac{1}{2} =$	$\frac{17}{12}$	22
20	$2\frac{5}{12} =$	$\frac{25}{12}$	5
21	$5\frac{7}{12} =$	$\frac{29}{12}$	21
22	$12\frac{1}{8} =$	$\frac{37}{12}$	19
23	$7\frac{1}{2} =$	$\frac{53}{12}$	18
24	$5\frac{3}{4} =$	$\frac{67}{12}$	23

1	$1\frac{1}{5} =$	$\frac{5}{3}$	21
2	$1\frac{1}{6} =$	$\frac{8}{3}$	23
3	$1\frac{2}{3} =$	$\frac{11}{3}$	22
4	$2\frac{2}{5} =$	$\frac{16}{3}$	13
5	$2\frac{3}{9} =$	$\frac{19}{3}$	5
6	$2\frac{2}{3} =$	$\frac{22}{3}$	10
7	$1\frac{2}{7} =$	$\frac{29}{3}$	9
8	$4\frac{5}{12} =$	$\frac{31}{3}$	4
9	$3\frac{2}{3} =$	$\frac{6}{5}$	20
10	$3\frac{2}{9} =$	$\frac{12}{5}$	19
11	$5\frac{1}{3} =$	$\frac{7}{6}$	24
12	$5\frac{11}{12} =$	$\frac{35}{6}$	8
13	$5\frac{5}{6} =$	$\frac{65}{6}$	1
14	$6\frac{1}{12} =$	$\frac{9}{7}$	18
15	$7\frac{1}{3} =$	$\frac{21}{9}$	16
16	$5\frac{7}{9} =$	$\frac{29}{9}$	15
17	$7\frac{11}{12} =$	$\frac{52}{9}$	7
18	$9\frac{2}{3} =$	$\frac{74}{9}$	2
19	$6\frac{1}{3} =$	$\frac{98}{9}$	3
20	$8\frac{2}{9} =$	$\frac{53}{12}$	14
21	$10\frac{1}{3} =$	$\frac{71}{12}$	17
22	$10\frac{7}{12} =$	$\frac{73}{12}$	12
23	$10\frac{5}{6} =$	$\frac{95}{12}$	6
24	$10\frac{8}{9} =$	$\frac{127}{12}$	11

Forme Bruchzahlen in gemischte Zahlen um!

1	$\frac{8}{7}=$	$1\frac{2}{5}$	24
2	$\frac{9}{4}=$	$1\frac{3}{5}$	15
3	$\frac{27}{8}=$	$1\frac{1}{7}$	9
4	$\frac{9}{2}=$	$1\frac{1}{16}$	3
5	$\frac{17}{4}=$	$2\frac{1}{2}$	5
6	$\frac{35}{8}=$	$2\frac{1}{4}$	11
7	$\frac{5}{2}=$	$2\frac{2}{5}$	19
8	$\frac{17}{16}=$	$2\frac{1}{16}$	4
9	$\frac{21}{4}=$	$3\frac{1}{2}$	2
10	$\frac{7}{2}=$	$3\frac{3}{8}$	8
11	$\frac{33}{16}=$	$4\frac{1}{2}$	10
12	$\frac{45}{8}=$	$4\frac{1}{4}$	1
13	$\frac{15}{2}=$	$4\frac{3}{8}$	12
14	$\frac{25}{4}=$	$5\frac{1}{4}$	7
15	$\frac{12}{5}=$	$5\frac{5}{8}$	6
16	$\frac{27}{4}=$	$6\frac{1}{4}$	23
17	$\frac{19}{2}=$	$6\frac{3}{4}$	22
18	$\frac{63}{8}=$	$7\frac{1}{2}$	21
19	$\frac{31}{4}=$	$7\frac{3}{4}$	18
20	$\frac{8}{5}=$	$7\frac{7}{8}$	20
21	$\frac{35}{4}=$	$8\frac{3}{4}$	13
22	$\frac{7}{5}=$	$9\frac{1}{2}$	17
23	$\frac{41}{4}=$	$9\frac{3}{8}$	14
24	$\frac{75}{8}=$	$10\frac{1}{4}$	16

1	$\frac{7}{6}=$	$1\frac{1}{3}$	20
2	$\frac{10}{9}=$	$1\frac{2}{3}$	13
3	$\frac{4}{3}=$	$1\frac{1}{6}$	23
4	$\frac{13}{6}=$	$1\frac{1}{9}$	9
5	$\frac{5}{3}=$	$1\frac{8}{9}$	10
6	$\frac{17}{9}=$	$2\frac{1}{3}$	18
7	$\frac{17}{6}=$	$2\frac{2}{3}$	12
8	$\frac{20}{9}=$	$2\frac{1}{6}$	24
9	$\frac{19}{6}=$	$2\frac{5}{6}$	3
10	$\frac{35}{9}=$	$2\frac{2}{9}$	17
11	$\frac{7}{3}=$	$3\frac{1}{3}$	5
12	$\frac{46}{9}=$	$3\frac{2}{3}$	6
13	$\frac{23}{6}=$	$3\frac{1}{6}$	19
14	$\frac{82}{9}=$	$3\frac{5}{6}$	11
15	$\frac{86}{9}=$	$3\frac{8}{9}$	14
16	$\frac{8}{3}=$	$4\frac{1}{6}$	8
17	$\frac{91}{9}=$	$5\frac{1}{3}$	2
18	$\frac{25}{6}=$	$5\frac{1}{6}$	1
19	$\frac{100}{9}=$	$5\frac{1}{9}$	4
20	$\frac{10}{3}=$	$6\frac{5}{6}$	22
21	$\frac{31}{6}=$	$9\frac{1}{9}$	21
22	$\frac{41}{6}=$	$9\frac{5}{9}$	7
23	$\frac{11}{3}=$	$10\frac{1}{9}$	15
24	$\frac{16}{3}=$	$11\frac{1}{9}$	16

Forme Bruchzahlen in gemischte Zahlen und gemischte Zahlen in Bruchzahlen um!

1	$\frac{7}{4} =$	$\frac{3}{2}$	23
2	$1\frac{1}{2} =$	$\frac{5}{2}$	13
3	$\frac{7}{2} =$	$\frac{9}{2}$	16
4	$\frac{9}{4} =$	$\frac{13}{2}$	5
5	$2\frac{1}{2} =$	$\frac{17}{2}$	12
6	$\frac{21}{8} =$	$\frac{17}{4}$	1
7	$3\frac{1}{8} =$	$\frac{23}{4}$	4
8	$\frac{11}{4} =$	$\frac{33}{4}$	2
9	$\frac{9}{2} =$	$\frac{25}{8}$	17
10	$4\frac{5}{8} =$	$\frac{27}{8}$	18
11	$4\frac{1}{2} =$	$\frac{37}{8}$	14
12	$3\frac{3}{8} =$	$\frac{51}{8}$	11
13	$\frac{25}{4} =$	$\frac{85}{8}$	10
14	$6\frac{3}{8} =$	$1\frac{3}{4}$	21
15	$\frac{11}{2} =$	$2\frac{1}{4}$	22
16	$10\frac{5}{8} =$	$2\frac{3}{4}$	15
17	$6\frac{1}{2} =$	$2\frac{5}{8}$	24
18	$\frac{45}{8} =$	$3\frac{1}{2}$	20
19	$\frac{33}{4} =$	$4\frac{1}{2}$	19
20	$\frac{61}{8} =$	$5\frac{1}{2}$	7
21	$4\frac{1}{4} =$	$5\frac{5}{8}$	8
22	$8\frac{1}{2} =$	$6\frac{1}{4}$	9
23	$5\frac{3}{4} =$	$7\frac{5}{8}$	3
24	$8\frac{1}{4} =$	$8\frac{1}{4}$	6

1	$\frac{6}{5} =$	$\frac{14}{5}$	5
2	$4\frac{3}{10} =$	$\frac{23}{5}$	13
3	$\frac{13}{10} =$	$\frac{34}{5}$	2
4	$\frac{22}{15} =$	$\frac{46}{5}$	16
5	$\frac{12}{5} =$	$\frac{43}{10}$	23
6	$2\frac{3}{15} =$	$\frac{67}{10}$	17
7	$6\frac{7}{10} =$	$\frac{89}{10}$	6
8	$\frac{33}{10} =$	$\frac{93}{10}$	21
9	$\frac{37}{15} =$	$\frac{33}{15}$	12
10	$\frac{18}{5} =$	$\frac{67}{15}$	14
11	$4\frac{7}{15} =$	$\frac{77}{15}$	8
12	$8\frac{9}{10} =$	$\frac{127}{15}$	22
13	$\frac{46}{15} =$	$1\frac{1}{5}$	7
14	$\frac{31}{5} =$	$1\frac{3}{10}$	10
15	$9\frac{3}{10} =$	$1\frac{4}{15}$	15
16	$5\frac{2}{15} =$	$1\frac{7}{15}$	20
17	$2\frac{4}{5} =$	$2\frac{2}{5}$	3
18	$8\frac{7}{15} =$	$2\frac{7}{15}$	9
19	$\frac{67}{10} =$	$3\frac{3}{5}$	4
20	$4\frac{3}{5} =$	$3\frac{3}{10}$	1
21	$\frac{19}{15} =$	$3\frac{1}{15}$	19
22	$\frac{99}{10} =$	$6\frac{1}{5}$	11
23	$6\frac{4}{5} =$	$6\frac{7}{10}$	18
24	$9\frac{1}{5} =$	$9\frac{9}{10}$	24

Zähle zusammen!

1	$\frac{2}{7} + \frac{1}{7} =$	$\frac{2}{3}$	13
2	$\frac{1}{3} + \frac{1}{3} =$	$\frac{3}{5}$	6
3	$\frac{2}{5} + \frac{1}{5} =$	$\frac{4}{5}$	17
4	$\frac{2}{7} + \frac{2}{7} =$	$\frac{2}{7}$	2
5	$\frac{2}{11} + \frac{1}{11} =$	$\frac{3}{7}$	15
6	$\frac{1}{7} + \frac{1}{7} =$	$\frac{4}{7}$	4
7	$\frac{2}{9} + \frac{5}{9} =$	$\frac{5}{7}$	22
8	$\frac{2}{9} + \frac{2}{9} =$	$\frac{6}{7}$	5
9	$\frac{3}{5} + \frac{1}{5} =$	$\frac{4}{9}$	9
10	$\frac{4}{13} + \frac{7}{13} =$	$\frac{7}{9}$	7
11	$\frac{3}{7} + \frac{2}{7} =$	$\frac{8}{9}$	19
12	$\frac{5}{13} + \frac{5}{13} =$	$\frac{2}{11}$	23
13	$\frac{1}{21} + \frac{1}{21} =$	$\frac{3}{11}$	11
14	$\frac{6}{12} + \frac{5}{12} =$	$\frac{6}{11}$	8
15	$\frac{3}{7} + \frac{3}{7} =$	$\frac{11}{12}$	1
16	$\frac{4}{21} + \frac{4}{21} =$	$\frac{10}{13}$	20
17	$\frac{3}{9} + \frac{5}{9} =$	$\frac{11}{13}$	24
18	$\frac{8}{21} + \frac{5}{21} =$	$\frac{12}{13}$	14
19	$\frac{4}{11} + \frac{2}{11} =$	$\frac{2}{21}$	3
20	$\frac{8}{21} + \frac{8}{21} =$	$\frac{8}{21}$	16
21	$\frac{1}{11} + \frac{1}{11} =$	$\frac{13}{21}$	18
22	$\frac{8}{13} + \frac{4}{13} =$	$\frac{16}{21}$	21
23	$\frac{3}{23} + \frac{5}{23} =$	$\frac{8}{23}$	10
24	$\frac{9}{23} + \frac{4}{23} =$	$\frac{13}{23}$	12

Ziehe ab!

1	$\frac{2}{7} - \frac{1}{7} =$	$\frac{1}{3}$	3
2	$\frac{5}{11} - \frac{2}{11} =$	$\frac{2}{5}$	22
3	$\frac{4}{7} - \frac{1}{7} =$	$\frac{3}{5}$	4
4	$\frac{5}{9} - \frac{4}{9} =$	$\frac{1}{7}$	9
5	$\frac{10}{17} - \frac{6}{17} =$	$\frac{3}{7}$	8
6	$\frac{10}{11} - \frac{1}{11} =$	$\frac{4}{7}$	15
7	$\frac{4}{21} - \frac{2}{21} =$	$\frac{1}{9}$	10
8	$\frac{2}{3} - \frac{1}{3} =$	$\frac{4}{9}$	21
9	$\frac{12}{17} - \frac{4}{17} =$	$\frac{5}{9}$	20
10	$\frac{3}{11} - \frac{1}{11} =$	$\frac{2}{11}$	2
11	$\frac{4}{5} - \frac{1}{5} =$	$\frac{3}{11}$	11
12	$\frac{10}{21} - \frac{5}{21} =$	$\frac{6}{11}$	19
13	$\frac{5}{9} - \frac{1}{9} =$	$\frac{7}{11}$	16
14	$\frac{9}{25} - \frac{3}{25} =$	$\frac{8}{11}$	14
15	$\frac{9}{11} - \frac{3}{11} =$	$\frac{9}{11}$	12
16	$\frac{4}{5} - \frac{2}{5} =$	$\frac{4}{17}$	1
17	$\frac{14}{25} - \frac{3}{25} =$	$\frac{8}{17}$	7
18	$\frac{7}{9} - \frac{2}{9} =$	$\frac{11}{17}$	24
19	$\frac{19}{21} - \frac{8}{21} =$	$\frac{2}{21}$	5
20	$\frac{5}{7} - \frac{1}{7} =$	$\frac{5}{21}$	6
21	$\frac{24}{25} - \frac{8}{25} =$	$\frac{11}{21}$	18
22	$\frac{15}{17} - \frac{4}{17} =$	$\frac{6}{25}$	23
23	$\frac{10}{11} - \frac{3}{11} =$	$\frac{11}{25}$	17
24	$\frac{10}{11} - \frac{2}{11} =$	$\frac{16}{25}$	13

Zähle zusammen!

1	$2\frac{3}{5} + \frac{1}{5} =$	$1\frac{2}{3}$	10
2	$1\frac{1}{11} + \frac{2}{11} =$	$1\frac{3}{11}$	19
3	$1\frac{1}{3} + \frac{1}{3} =$	2	17
4	$3\frac{3}{13} + \frac{4}{13} =$	$2\frac{4}{5}$	23
5	$2\frac{2}{15} + \frac{2}{15} =$	$2\frac{5}{7}$	1
6	$2\frac{4}{11} + \frac{3}{11} =$	$2\frac{7}{11}$	20
7	$3\frac{1}{21} + \frac{4}{21} =$	$2\frac{4}{15}$	3
8	$1\frac{3}{4} + \frac{1}{4} =$	3	14
9	$4\frac{6}{25} + \frac{6}{25} =$	$3\frac{4}{5}$	18
10	$4\frac{5}{13} + \frac{6}{13} =$	$3\frac{9}{11}$	7
11	$3\frac{2}{5} + \frac{2}{5} =$	$3\frac{7}{13}$	24
12	$2\frac{3}{4} + \frac{1}{4} =$	$3\frac{14}{15}$	11
13	$3\frac{7}{15} + \frac{7}{15} =$	$3\frac{5}{21}$	13
14	$3\frac{3}{11} + \frac{6}{11} =$	$4\frac{11}{13}$	4
15	$4\frac{1}{6} + \frac{5}{6} =$	$4\frac{13}{21}$	22
16	$5\frac{9}{25} + \frac{9}{25} =$	$4\frac{12}{25}$	9
17	$2\frac{3}{7} + \frac{2}{7} =$	5	21
18	$4\frac{8}{21} + \frac{5}{21} =$	$5\frac{7}{13}$	8
19	$7\frac{14}{25} + \frac{9}{25} =$	$5\frac{8}{15}$	16
20	$5\frac{5}{8} + \frac{3}{8} =$	$5\frac{18}{25}$	12
21	$6\frac{10}{21} + \frac{10}{21} =$	6	5
22	$5\frac{6}{13} + \frac{1}{13} =$	$6\frac{20}{21}$	15
23	$6\frac{6}{7} + \frac{1}{7} =$	7	6
24	$5\frac{4}{15} + \frac{4}{15} =$	$7\frac{23}{25}$	2

Ziehe ab!

1	$2\frac{3}{5} - \frac{2}{5} =$	1	24
2	$3\frac{11}{12} - \frac{11}{12} =$	$1\frac{1}{7}$	20
3	$1\frac{6}{7} - \frac{5}{7} =$	2	18
4	$1\frac{1}{4} - \frac{1}{4} =$	$2\frac{1}{5}$	23
5	$2\frac{14}{15} - \frac{7}{15} =$	$2\frac{3}{7}$	19
6	$3\frac{4}{5} - \frac{3}{5} =$	$2\frac{7}{15}$	13
7	$2\frac{2}{21} - \frac{1}{21} =$	$2\frac{1}{21}$	3
8	$4\frac{7}{9} - \frac{2}{9} =$	3	9
9	$2\frac{5}{7} - \frac{2}{7} =$	$3\frac{1}{5}$	10
10	$4\frac{10}{21} - \frac{8}{21} =$	$3\frac{1}{7}$	5
11	$2\frac{1}{4} - \frac{1}{4} =$	$3\frac{1}{15}$	4
12	$3\frac{2}{15} - \frac{1}{15} =$	$3\frac{2}{25}$	21
13	$5\frac{5}{7} - \frac{3}{7} =$	4	7
14	$3\frac{6}{25} - \frac{4}{25} =$	$4\frac{1}{7}$	8
15	$4\frac{1}{4} - \frac{1}{4} =$	$4\frac{5}{9}$	17
16	$5\frac{11}{21} - \frac{1}{21} =$	$4\frac{2}{21}$	14
17	$9\frac{5}{9} - \frac{4}{9} =$	$4\frac{4}{25}$	16
18	$4\frac{3}{7} - \frac{2}{7} =$	$5\frac{2}{7}$	11
19	$4\frac{6}{25} - \frac{2}{25} =$	$5\frac{10}{21}$	12
20	$3\frac{4}{7} - \frac{3}{7} =$	$5\frac{11}{25}$	6
21	$6\frac{8}{15} - \frac{4}{15} =$	$6\frac{3}{7}$	22
22	$6\frac{5}{7} - \frac{2}{7} =$	$6\frac{5}{11}$	2
23	$5\frac{19}{25} - \frac{8}{25} =$	$6\frac{4}{15}$	1
24	$6\frac{9}{11} - \frac{4}{11} =$	$9\frac{1}{9}$	15

Zähle zusammen!

1	$2\frac{2}{7} + 3\frac{3}{7} =$	$2\frac{2}{3}$	23
2	$1\frac{1}{3} + 1\frac{1}{3} =$	$2\frac{12}{25}$	7
3	$4\frac{2}{11} + 3\frac{3}{11} =$	4	11
4	$2\frac{1}{5} + 2\frac{1}{5} =$	$4\frac{2}{5}$	8
5	$3\frac{4}{15} + 1\frac{7}{15} =$	$4\frac{11}{15}$	9
6	$4\frac{2}{21} + 3\frac{2}{21} =$	$5\frac{4}{5}$	20
7	$2\frac{2}{3} + 1\frac{1}{3} =$	$5\frac{5}{7}$	19
8	$1\frac{6}{25} + 1\frac{6}{25} =$	$7\frac{2}{3}$	24
9	$6\frac{4}{7} + 2\frac{2}{7} =$	$7\frac{5}{11}$	10
10	$3\frac{11}{25} + 4\frac{6}{25} =$	$7\frac{4}{21}$	12
11	$3\frac{2}{5} + 2\frac{2}{5} =$	$7\frac{17}{25}$	22
12	$5\frac{1}{3} + 2\frac{1}{3} =$	$8\frac{6}{7}$	21
13	$10\frac{14}{25} + 5\frac{2}{25} =$	$8\frac{10}{21}$	5
14	$3\frac{5}{21} + 5\frac{5}{21} =$	$9\frac{5}{7}$	3
15	$1\frac{1}{7} + 8\frac{4}{7} =$	$10\frac{4}{5}$	16
16	$5\frac{3}{11} + 5\frac{7}{11} =$	$10\frac{3}{7}$	15
17	$6\frac{12}{25} + 10\frac{4}{25} =$	$10\frac{10}{11}$	14
18	$6\frac{1}{5} + 4\frac{3}{5} =$	$10\frac{14}{15}$	6
19	$5\frac{7}{15} + 5\frac{7}{15} =$	$11\frac{9}{11}$	13
20	$6\frac{1}{11} + 5\frac{8}{11} =$	$12\frac{8}{15}$	2
21	$4\frac{2}{7} + 6\frac{1}{7} =$	$15\frac{16}{21}$	4
22	$12\frac{1}{25} + 12\frac{2}{25} =$	$15\frac{16}{25}$	1
23	$6\frac{1}{15} + 6\frac{7}{15} =$	$16\frac{16}{25}$	17
24	$10\frac{10}{21} + 5\frac{6}{21} =$	$24\frac{3}{25}$	18

Ziehe ab!

1	$3\frac{4}{7} - 2\frac{3}{7} =$	$1\frac{1}{3}$	2
2	$4\frac{5}{11} - 3\frac{4}{11} =$	$1\frac{2}{5}$	23
3	$2\frac{2}{3} - 1\frac{1}{3} =$	$1\frac{1}{7}$	15
4	$4\frac{10}{13} - 3\frac{9}{13} =$	$1\frac{1}{11}$	17
5	$3\frac{3}{8} - 1\frac{3}{8} =$	$1\frac{1}{13}$	4
6	$2\frac{4}{21} - 1\frac{2}{21} =$	$1\frac{2}{15}$	9
7	$4\frac{2}{7} - 2\frac{1}{7} =$	$1\frac{2}{21}$	6
8	$2\frac{4}{15} - 1\frac{2}{15} =$	2	7
9	$6\frac{3}{25} - 3\frac{2}{25} =$	$2\frac{2}{5}$	20
10	$3\frac{3}{5} - 1\frac{1}{5} =$	$2\frac{1}{7}$	11
11	$8\frac{11}{25} - 4\frac{4}{25} =$	$2\frac{2}{9}$	3
12	$6\frac{6}{13} - 3\frac{5}{13} =$	$2\frac{7}{11}$	1
13	$4\frac{7}{9} - 2\frac{5}{9} =$	$3\frac{1}{7}$	12
14	$6\frac{19}{21} - 3\frac{8}{21} =$	$3\frac{2}{9}$	8
15	$8\frac{9}{11} - 6\frac{2}{11} =$	$3\frac{1}{13}$	24
16	$6\frac{14}{15} - 2\frac{7}{15} =$	$3\frac{11}{21}$	5
17	$4\frac{3}{5} - 3\frac{1}{5} =$	$3\frac{1}{25}$	13
18	$5\frac{10}{21} - 1\frac{2}{21} =$	$4\frac{3}{11}$	19
19	$4\frac{3}{7} - 1\frac{2}{7} =$	$4\frac{5}{11}$	21
20	$9\frac{10}{11} - 5\frac{5}{11} =$	$4\frac{7}{15}$	16
21	$10\frac{4}{11} - 6\frac{1}{11} =$	$4\frac{8}{21}$	14
22	$10\frac{8}{15} - 4\frac{7}{15} =$	$4\frac{7}{25}$	22
23	$12\frac{21}{25} - 3\frac{18}{25} =$	$6\frac{1}{15}$	18
24	$6\frac{7}{9} - 3\frac{5}{9} =$	$9\frac{3}{25}$	10

Zähle zusammen!

1 $\frac{7}{9} + \frac{4}{9} =$	1	16
2 $\frac{2}{15} + \frac{14}{15} =$	$1\frac{1}{3}$	1
3 $\frac{3}{4} + \frac{1}{4} =$	$1\frac{1}{5}$	3
4 $\frac{10}{21} + \frac{16}{21} =$	$1\frac{2}{7}$	22
5 $\frac{2}{5} + \frac{4}{5} =$	$1\frac{5}{7}$	9
6 $\frac{8}{9} + \frac{8}{9} =$	$1\frac{2}{9}$	13
7 $\frac{8}{15} + \frac{11}{15} =$	$1\frac{3}{9}$	2
8 $\frac{2}{3} + \frac{2}{3} =$	$1\frac{4}{9}$	21
9 $\frac{6}{13} + \frac{11}{13} =$	$1\frac{7}{9}$	18
10 $\frac{16}{25} + \frac{12}{25} =$	$1\frac{2}{11}$	20
11 $\frac{7}{9} + \frac{5}{9} =$	$1\frac{6}{11}$	8
12 $\frac{24}{25} + \frac{23}{25} =$	$1\frac{4}{13}$	15
13 $\frac{14}{15} + \frac{14}{15} =$	$1\frac{6}{13}$	11
14 $\frac{18}{25} + \frac{21}{25} =$	$1\frac{8}{13}$	7
15 $\frac{7}{9} + \frac{6}{9} =$	$1\frac{1}{15}$	17
16 $\frac{7}{11} + \frac{6}{11} =$	$1\frac{4}{15}$	5
17 $\frac{11}{13} + \frac{8}{13} =$	$1\frac{13}{15}$	19
18 $\frac{4}{7} + \frac{5}{7} =$	$1\frac{5}{21}$	14
19 $\frac{13}{21} + \frac{16}{21} =$	$1\frac{8}{21}$	12
20 $\frac{10}{13} + \frac{11}{13} =$	$1\frac{12}{21}$	24
21 $\frac{6}{7} + \frac{6}{7} =$	$1\frac{3}{25}$	4
22 $\frac{19}{21} + \frac{14}{21} =$	$1\frac{14}{25}$	23
23 $\frac{8}{11} + \frac{9}{11} =$	$1\frac{17}{25}$	10
24 $\frac{21}{25} + \frac{21}{25} =$	$1\frac{22}{25}$	6

1 $2\frac{3}{7} + \frac{6}{7} =$	$1\frac{2}{3}$	14
2 $3\frac{5}{13} + \frac{9}{13} =$	$2\frac{2}{15}$	11
3 $1\frac{1}{3} + \frac{1}{3} =$	$3\frac{1}{3}$	3
4 $2\frac{10}{21} + \frac{13}{21} =$	$3\frac{2}{5}$	22
5 $3\frac{16}{25} + \frac{16}{25} =$	$3\frac{2}{7}$	15
6 $4\frac{5}{7} + \frac{6}{7} =$	$3\frac{2}{21}$	16
7 $5\frac{8}{21} + \frac{14}{21} =$	$4\frac{2}{5}$	6
8 $2\frac{2}{3} + \frac{2}{3} =$	$4\frac{1}{9}$	23
9 $4\frac{9}{13} + \frac{8}{13} =$	$4\frac{1}{13}$	17
10 $5\frac{6}{7} + \frac{6}{7} =$	$4\frac{4}{15}$	9
11 $5\frac{22}{25} + \frac{14}{25} =$	$4\frac{7}{25}$	13
12 $4\frac{2}{3} + \frac{2}{3} =$	$5\frac{1}{3}$	18
13 $6\frac{8}{21} + \frac{14}{21} =$	$5\frac{4}{7}$	24
14 $3\frac{5}{9} + \frac{5}{9} =$	$5\frac{4}{13}$	19
15 $6\frac{10}{13} + \frac{9}{13} =$	$5\frac{7}{15}$	8
16 $2\frac{3}{5} + \frac{4}{5} =$	$6\frac{2}{7}$	12
17 $1\frac{4}{15} + \frac{13}{15} =$	$6\frac{5}{7}$	2
18 $5\frac{7}{9} + \frac{7}{9} =$	$6\frac{5}{9}$	20
19 $3\frac{4}{5} + \frac{3}{5} =$	$6\frac{1}{21}$	5
20 $3\frac{8}{15} + \frac{11}{15} =$	$6\frac{11}{25}$	4
21 $7\frac{23}{25} + \frac{21}{25} =$	$7\frac{4}{9}$	10
22 $5\frac{5}{7} + \frac{4}{7} =$	$7\frac{6}{13}$	7
23 $6\frac{8}{9} + \frac{5}{9} =$	$7\frac{1}{21}$	21
24 $4\frac{14}{15} + \frac{8}{15} =$	$8\frac{19}{25}$	1

Ziehe ab!

	Aufgabe		
1	$1\frac{1}{5} - \frac{3}{5} =$	$\frac{2}{3}$	7
2	$1\frac{1}{11} - \frac{8}{11} =$	$\frac{2}{5}$	16
3	$1\frac{4}{15} - \frac{8}{15} =$	$\frac{3}{5}$	15
4	$1\frac{2}{17} - \frac{7}{17} =$	$\frac{4}{5}$	22
5	$1\frac{5}{11} - \frac{6}{11} =$	$\frac{4}{7}$	23
6	$1\frac{2}{25} - \frac{9}{25} =$	$\frac{6}{7}$	18
7	$1\frac{1}{3} - \frac{2}{3} =$	$\frac{2}{9}$	3
8	$1\frac{7}{15} - \frac{8}{15} =$	$\frac{4}{9}$	10
9	$1\frac{2}{13} - \frac{9}{13} =$	$\frac{5}{9}$	21
10	$1\frac{8}{17} - \frac{11}{17} =$	$\frac{8}{9}$	19
11	$1\frac{2}{5} - \frac{3}{5} =$	$\frac{4}{11}$	13
12	$1\frac{4}{21} - \frac{17}{21} =$	$\frac{10}{11}$	11
13	$1\frac{1}{9} - \frac{8}{9} =$	$\frac{6}{13}$	17
14	$1\frac{5}{13} - \frac{10}{13} =$	$\frac{8}{13}$	1
15	$1\frac{2}{15} - \frac{13}{15} =$	$\frac{2}{15}$	8
16	$1\frac{1}{5} - \frac{4}{5} =$	$\frac{4}{15}$	5
17	$1\frac{4}{9} - \frac{5}{9} =$	$\frac{11}{15}$	6
18	$1\frac{3}{7} - \frac{4}{7} =$	$\frac{14}{15}$	9
19	$1\frac{1}{15} - \frac{14}{15} =$	$\frac{12}{17}$	4
20	$1\frac{1}{9} - \frac{5}{9} =$	$\frac{14}{17}$	24
21	$1\frac{1}{7} - \frac{4}{7} =$	$\frac{8}{21}$	20
22	$1\frac{5}{21} - \frac{16}{21} =$	$\frac{10}{21}$	14
23	$1\frac{2}{9} - \frac{7}{9} =$	$\frac{16}{25}$	12
24	$1\frac{12}{25} - \frac{21}{25} =$	$\frac{18}{25}$	2

	Aufgabe		
1	$2\frac{1}{7} - \frac{2}{7} =$	$1\frac{2}{3}$	14
2	$2\frac{2}{11} - \frac{5}{11} =$	$1\frac{2}{5}$	4
3	$3\frac{2}{19} - \frac{7}{19} =$	$1\frac{6}{7}$	13
4	$2\frac{1}{3} - \frac{2}{3} =$	$1\frac{4}{9}$	22
5	$4\frac{1}{25} - \frac{8}{25} =$	$1\frac{8}{11}$	17
6	$3\frac{8}{11} - \frac{9}{11} =$	$1\frac{8}{15}$	24
7	$3\frac{1}{3} - \frac{2}{3} =$	$2\frac{2}{3}$	5
8	$3\frac{4}{13} - \frac{5}{13} =$	$2\frac{5}{7}$	20
9	$4\frac{1}{19} - \frac{15}{19} =$	$2\frac{10}{11}$	18
10	$2\frac{1}{5} - \frac{4}{5} =$	$2\frac{12}{13}$	1
11	$6\frac{1}{21} - \frac{11}{21} =$	$2\frac{8}{15}$	21
12	$5\frac{3}{13} - \frac{8}{13} =$	$2\frac{14}{19}$	16
13	$4\frac{2}{5} - \frac{3}{5} =$	$2\frac{19}{25}$	11
14	$8\frac{1}{21} - \frac{20}{21} =$	$3\frac{4}{5}$	19
15	$3\frac{1}{15} - \frac{8}{15} =$	$3\frac{7}{9}$	9
16	$3\frac{3}{7} - \frac{5}{7} =$	$3\frac{5}{19}$	15
17	$3\frac{11}{25} - \frac{17}{25} =$	$3\frac{14}{25}$	8
18	$2\frac{1}{9} - \frac{6}{9} =$	$3\frac{18}{25}$	3
19	$5\frac{4}{15} - \frac{11}{15} =$	$4\frac{8}{13}$	6
20	$5\frac{4}{25} - \frac{23}{25} =$	$4\frac{8}{15}$	12
21	$4\frac{5}{9} - \frac{7}{9} =$	$4\frac{6}{25}$	7
22	$2\frac{7}{15} - \frac{14}{15} =$	$5\frac{8}{15}$	10
23	$4\frac{2}{25} - \frac{13}{25} =$	$5\frac{11}{21}$	2
24	$6\frac{7}{15} - \frac{14}{15} =$	$7\frac{2}{21}$	23

Zähle zusammen!

1	$1\frac{3}{5} + 2\frac{4}{5} =$	3	14
2	$2\frac{4}{13} + 1\frac{10}{13} =$	$3\frac{7}{25}$	18
3	$1\frac{1}{4} + 1\frac{3}{4} =$	4	10
4	$2\frac{11}{21} + 1\frac{10}{21} =$	$4\frac{1}{3}$	13
5	$2\frac{4}{5} + 2\frac{3}{5} =$	$4\frac{2}{5}$	9
6	$1\frac{16}{25} + 1\frac{16}{25} =$	$4\frac{2}{7}$	23
7	$3\frac{8}{13} + 1\frac{9}{13} =$	$4\frac{4}{9}$	7
8	$3\frac{16}{21} + 1\frac{16}{21} =$	$4\frac{1}{13}$	17
9	$2\frac{2}{3} + 1\frac{2}{3} =$	5	4
10	$3\frac{4}{5} + 2\frac{2}{5} =$	$5\frac{2}{5}$	1
11	$2\frac{1}{3} + 2\frac{2}{3} =$	$5\frac{5}{9}$	16
12	$4\frac{10}{13} + 2\frac{9}{13} =$	$5\frac{4}{13}$	5
13	$3\frac{2}{3} + 2\frac{2}{3} =$	$5\frac{11}{21}$	3
14	$1\frac{4}{7} + 2\frac{5}{7} =$	6	19
15	$3\frac{7}{15} + 2\frac{8}{15} =$	$6\frac{1}{3}$	21
16	$4\frac{16}{21} + 2\frac{16}{21} =$	$6\frac{1}{5}$	2
17	$2\frac{5}{7} + 3\frac{3}{7} =$	$6\frac{1}{7}$	11
18	$4\frac{8}{15} + 3\frac{11}{15} =$	7	15
19	$3\frac{6}{7} + 3\frac{5}{7} =$	$7\frac{4}{7}$	12
20	$3\frac{1}{4} + 3\frac{3}{4} =$	$7\frac{7}{9}$	8
21	$2\frac{5}{9} + 1\frac{8}{9} =$	$7\frac{6}{13}$	6
22	$5\frac{1}{15} + 3\frac{14}{15} =$	$7\frac{11}{21}$	22
23	$3\frac{7}{9} + 1\frac{7}{9} =$	$8\frac{4}{15}$	20
24	$4\frac{8}{9} + 2\frac{8}{9} =$	9	24

Ziehe ab!

1	$4\frac{1}{3} - 1\frac{2}{3} =$	1	17
2	$3\frac{1}{4} - 2\frac{1}{4} =$	$1\frac{2}{3}$	1
3	$3\frac{2}{5} - 1\frac{3}{5} =$	$1\frac{3}{5}$	12
4	$4\frac{4}{15} - 2\frac{11}{15} =$	$1\frac{4}{5}$	14
5	$3\frac{1}{3} - 1\frac{2}{3} =$	$1\frac{5}{7}$	23
6	$9\frac{4}{9} - 5\frac{5}{9} =$	$1\frac{5}{9}$	13
7	$6\frac{4}{15} - 2\frac{17}{15} =$	$1\frac{4}{13}$	11
8	$6\frac{1}{5} - 2\frac{4}{5} =$	$1\frac{8}{15}$	10
9	$7\frac{1}{9} - 5\frac{5}{9} =$	$1\frac{8}{19}$	21
10	$4\frac{3}{7} - 1\frac{4}{7} =$	$1\frac{10}{21}$	8
11	$4\frac{3}{4} - 1\frac{3}{4} =$	$1\frac{8}{25}$	16
12	$4\frac{2}{3} - 2\frac{2}{3} =$	$1\frac{14}{25}$	15
13	$3\frac{1}{19} - 1\frac{12}{19} =$	2	6
14	$4\frac{4}{7} - 2\frac{6}{7} =$	$2\frac{2}{3}$	9
15	$4\frac{3}{17} - 1\frac{5}{17} =$	$2\frac{6}{7}$	2
16	$6\frac{1}{13} - 2\frac{7}{13} =$	$2\frac{15}{17}$	19
17	$6\frac{3}{13} - 4\frac{12}{13} =$	3	4
18	$5\frac{3}{7} - 1\frac{5}{7} =$	$3\frac{2}{5}$	3
19	$3\frac{1}{5} - 1\frac{3}{5} =$	$3\frac{5}{7}$	20
20	$5\frac{5}{25} - 3\frac{16}{25} =$	$3\frac{6}{7}$	7
21	$5\frac{3}{7} - 1\frac{4}{7} =$	$3\frac{8}{9}$	18
22	$6\frac{5}{9} - 1\frac{7}{9} =$	$3\frac{7}{13}$	22
23	$7\frac{2}{25} - 5\frac{19}{25} =$	$3\frac{2}{15}$	5
24	$6\frac{5}{21} - 4\frac{16}{21} =$	$4\frac{7}{9}$	24

Welche Zahl fehlt hier?

1	$\frac{3}{4} + \square = 3$	$\frac{1}{2}$	11
2	$\frac{1}{2} + \square = 1$	$\frac{4}{5}$	19
3	$\frac{3}{4} + \square = 2$	$\frac{2}{9}$	24
4	$\frac{5}{6} + \square = 2$	$\frac{7}{10}$	14
5	$\frac{1}{2} + \square = 5$	$1\frac{1}{4}$	8
6	$\frac{4}{7} + \square = 2$	$1\frac{1}{5}$	5
7	$\frac{4}{5} + \square = 2$	$1\frac{1}{6}$	10
8	$\frac{4}{9} + \square = 3$	$1\frac{3}{7}$	12
9	$\frac{4}{7} + \square = 3$	$1\frac{7}{12}$	18
10	$\frac{1}{5} + \square = 4$	$1\frac{11}{15}$	16
11	$\frac{5}{8} + \square = 3$	$2\frac{1}{4}$	9
12	$\frac{3}{5} + \square = 3$	$2\frac{2}{5}$	6
13	$\frac{3}{10} + \square = 4$	$2\frac{1}{6}$	15
14	$\frac{5}{9} + \square = 4$	$2\frac{3}{7}$	7
15	$\frac{1}{5} + \square = 1$	$2\frac{3}{8}$	4
16	$\frac{7}{10} + \square = 6$	$2\frac{5}{9}$	3
17	$\frac{1}{4} + \square = 4$	$3\frac{3}{4}$	17
18	$\frac{2}{9} + \square = 5$	$3\frac{4}{5}$	2
19	$\frac{5}{12} + \square = 2$	$3\frac{4}{9}$	23
20	$\frac{5}{6} + \square = 3$	$3\frac{7}{10}$	21
21	$\frac{7}{12} + \square = 4$	$3\frac{5}{12}$	13
22	$\frac{7}{9} + \square = 1$	$4\frac{1}{2}$	1
23	$\frac{4}{15} + \square = 2$	$4\frac{7}{9}$	20
24	$\frac{3}{10} + \square = 1$	$5\frac{3}{10}$	22

1	$2\frac{2}{5} - \square = \frac{4}{5}$	$\frac{1}{2}$	24
2	$\frac{4}{13} - \square = \frac{2}{13}$	$\frac{1}{3}$	14
3	$3 - \square = \frac{1}{6}$	$\frac{2}{3}$	10
4	$1\frac{1}{2} - \square = 1$	$\frac{3}{5}$	1
5	$4 - \square = 2\frac{1}{6}$	$\frac{4}{5}$	2
6	$2\frac{1}{3} - \square = 1\frac{2}{3}$	$\frac{1}{6}$	3
7	$3 - \square = 2\frac{5}{6}$	$\frac{3}{7}$	4
8	$1\frac{1}{4} - \square = \frac{1}{4}$	$\frac{5}{7}$	19
9	$1 - \square = \frac{2}{7}$	$\frac{1}{8}$	6
10	$3\frac{2}{3} - \square = 3\frac{1}{3}$	$\frac{7}{8}$	18
11	$2 - \square = 1\frac{1}{8}$	$\frac{2}{9}$	12
12	$1\frac{1}{7} - \square = \frac{5}{7}$	$\frac{5}{9}$	21
13	$2\frac{1}{3} - \square = \frac{2}{3}$	$\frac{8}{11}$	5
14	$1\frac{1}{9} - \square = \frac{5}{9}$	$\frac{2}{13}$	9
15	$3\frac{1}{4} - \square = 1\frac{1}{4}$	1	17
16	$1 - \square = \frac{7}{9}$	$1\frac{2}{3}$	11
17	$2\frac{6}{7} - \square = \frac{5}{7}$	$1\frac{1}{4}$	16
18	$2 - \square = \frac{3}{10}$	$1\frac{3}{5}$	23
19	$3 - \square = 1\frac{3}{4}$	$1\frac{5}{6}$	13
20	$1\frac{1}{11} - \square = \frac{4}{11}$	$1\frac{7}{10}$	8
21	$\frac{4}{5} - \square = \frac{1}{5}$	$1\frac{1}{11}$	22
22	$1\frac{5}{11} - \square = \frac{4}{11}$	2	7
23	$1 - \square = \frac{7}{8}$	$2\frac{5}{6}$	20
24	$1\frac{1}{5} - \square = \frac{2}{5}$	$2\frac{1}{7}$	15

Bestimme den fehlenden Zähler!

1	$\frac{1}{2} = \frac{}{10}$	$\frac{4}{6}$	11
2	$\frac{2}{3} = \frac{}{6}$	$\frac{4}{8}$	1
3	$\frac{3}{7} = \frac{}{14}$	$\frac{6}{8}$	6
4	$\frac{5}{8} = \frac{}{16}$	$\frac{6}{9}$	2
5	$\frac{1}{2} = \frac{}{8}$	$\frac{5}{10}$	9
6	$\frac{5}{8} = \frac{}{24}$	$\frac{4}{12}$	15
7	$\frac{3}{7} = \frac{}{21}$	$\frac{6}{12}$	7
8	$\frac{7}{9} = \frac{}{18}$	$\frac{8}{12}$	19
9	$\frac{1}{2} = \frac{}{12}$	$\frac{9}{12}$	17
10	$\frac{2}{3} = \frac{}{9}$	$\frac{6}{14}$	8
11	$\frac{2}{4} = \frac{}{16}$	$\frac{9}{15}$	21
12	$\frac{3}{4} = \frac{}{8}$	$\frac{8}{16}$	4
13	$\frac{3}{5} = \frac{}{15}$	$\frac{10}{16}$	10
14	$\frac{5}{8} = \frac{}{32}$	$\frac{12}{16}$	13
15	$\frac{2}{3} = \frac{}{12}$	$\frac{14}{18}$	3
16	$\frac{2}{5} = \frac{}{20}$	$\frac{8}{20}$	22
17	$\frac{3}{4} = \frac{}{12}$	$\frac{16}{20}$	18
18	$\frac{3}{7} = \frac{}{28}$	$\frac{9}{21}$	5
19	$\frac{4}{5} = \frac{}{20}$	$\frac{15}{24}$	12
20	$\frac{2}{6} = \frac{}{12}$	$\frac{12}{28}$	20
21	$\frac{3}{4} = \frac{}{16}$	$\frac{27}{30}$	16
22	$\frac{5}{9} = \frac{}{36}$	$\frac{20}{32}$	23
23	$\frac{9}{10} = \frac{}{30}$	$\frac{20}{36}$	24
24	$\frac{7}{10} = \frac{}{40}$	$\frac{28}{40}$	14

Erweitere . . .!

1	$\frac{2}{5}$ mit 4	$\frac{4}{6}$	10
2	$\frac{2}{7}$ mit 2	$\frac{4}{8}$	13
3	$\frac{1}{4}$ mit 5	$\frac{6}{8}$	5
4	$\frac{2}{3}$ mit 5	$\frac{4}{10}$	18
5	$\frac{1}{2}$ mit 4	$\frac{3}{12}$	14
6	$\frac{2}{3}$ mit 2	$\frac{6}{12}$	15
7	$\frac{5}{6}$ mit 6	$\frac{9}{12}$	6
8	$\frac{1}{2}$ mit 7	$\frac{4}{14}$	9
9	$\frac{3}{4}$ mit 12	$\frac{7}{14}$	17
10	$\frac{1}{4}$ mit 3	$\frac{9}{15}$	1
11	$\frac{2}{5}$ mit 2	$\frac{10}{15}$	24
12	$\frac{7}{8}$ mit 3	$\frac{10}{16}$	11
13	$\frac{5}{8}$ mit 2	$\frac{3}{18}$	7
14	$\frac{7}{10}$ mit 2	$\frac{15}{18}$	8
15	$\frac{1}{6}$ mit 3	$\frac{5}{20}$	20
16	$\frac{7}{9}$ mit 5	$\frac{8}{20}$	23
17	$\frac{1}{2}$ mit 6	$\frac{14}{20}$	21
18	$\frac{5}{6}$ mit 3	$\frac{21}{24}$	4
19	$\frac{4}{5}$ mit 7	$\frac{28}{35}$	16
20	$\frac{3}{4}$ mit 2	$\frac{30}{36}$	3
21	$\frac{3}{5}$ mit 3	$\frac{35}{45}$	12
22	$\frac{5}{9}$ mit 10	$\frac{36}{48}$	19
23	$\frac{3}{4}$ mit 3	$\frac{30}{50}$	2
24	$\frac{3}{5}$ mit 10	$\frac{50}{90}$	22

Mit welcher Zahl wurde erweitert?

Antwort = Feldzahl

1	$\frac{2}{8} = \frac{26}{104}$
2	$\frac{2}{5} = \frac{34}{85}$
3	$\frac{4}{8} = \frac{64}{128}$
4	$\frac{3}{6} = \frac{42}{84}$
5	$\frac{4}{9} = \frac{12}{27}$
6	$\frac{4}{5} = \frac{72}{90}$
7	$\frac{3}{15} = \frac{15}{75}$
8	$\frac{1}{2} = \frac{1}{2}$
9	$\frac{4}{9} = \frac{60}{135}$
10	$\frac{2}{4} = \frac{8}{16}$
11	$\frac{16}{18} = \frac{32}{36}$
12	$\frac{3}{6} = \frac{18}{36}$
13	$\frac{1}{3} = \frac{19}{57}$
14	$\frac{2}{4} = \frac{46}{92}$
15	$\frac{2}{3} = \frac{42}{63}$
16	$\frac{2}{6} = \frac{40}{120}$
17	$\frac{5}{9} = \frac{55}{99}$
18	$\frac{2}{4} = \frac{44}{88}$
19	$\frac{4}{10} = \frac{48}{120}$
20	$\frac{6}{7} = \frac{42}{49}$
21	$\frac{4}{6} = \frac{36}{54}$
22	$\frac{2}{3} = \frac{48}{72}$
23	$\frac{6}{8} = \frac{48}{64}$
24	$\frac{7}{8} = \frac{70}{80}$

Kürze!

1	$\frac{2}{30} =$	$\frac{1}{2}$	12
2	$\frac{2}{28} =$	$\frac{1}{3}$	1
3	$\frac{4}{6} =$	$\frac{2}{3}$	22
4	$\frac{4}{8} =$	$\frac{1}{4}$	21
5	$\frac{9}{24} =$	$\frac{3}{4}$	14
6	$\frac{2}{26} =$	$\frac{1}{5}$	23
7	$\frac{2}{6} =$	$\frac{2}{5}$	5
8	$\frac{4}{10} =$	$\frac{3}{5}$	18
9	$\frac{2}{8} =$	$\frac{1}{6}$	13
10	$\frac{12}{28} =$	$\frac{5}{6}$	19
11	$\frac{2}{24} =$	$\frac{1}{7}$	20
12	$\frac{4}{14} =$	$\frac{2}{7}$	2
13	$\frac{2}{10} =$	$\frac{3}{7}$	16
14	$\frac{15}{18} =$	$\frac{1}{8}$	4
15	$\frac{2}{22} =$	$\frac{3}{8}$	15
16	$\frac{4}{30} =$	$\frac{1}{9}$	17
17	$\frac{2}{12} =$	$\frac{1}{10}$	10
18	$\frac{2}{20} =$	$\frac{1}{11}$	9
19	$\frac{9}{12} =$	$\frac{1}{12}$	6
20	$\frac{2}{18} =$	$\frac{1}{13}$	8
21	$\frac{4}{26} =$	$\frac{2}{13}$	3
22	$\frac{2}{14} =$	$\frac{1}{14}$	7
23	$\frac{15}{25} =$	$\frac{1}{15}$	11
24	$\frac{2}{16} =$	$\frac{2}{15}$	24

1	$\frac{10}{45} =$	$\frac{1}{2}$	21
2	$\frac{24}{66} =$	$\frac{2}{3}$	16
3	$\frac{20}{40} =$	$\frac{3}{4}$	18
4	$\frac{18}{28} =$	$\frac{3}{5}$	15
5	$\frac{30}{45} =$	$\frac{5}{6}$	8
6	$\frac{32}{72} =$	$\frac{3}{7}$	7
7	$\frac{27}{36} =$	$\frac{5}{7}$	2
8	$\frac{25}{60} =$	$\frac{3}{8}$	11
9	$\frac{12}{120} =$	$\frac{5}{8}$	3
10	$\frac{18}{30} =$	$\frac{7}{8}$	9
11	$\frac{12}{75} =$	$\frac{2}{9}$	20
12	$\frac{20}{36} =$	$\frac{4}{9}$	23
13	$\frac{30}{36} =$	$\frac{5}{9}$	17
14	$\frac{15}{39} =$	$\frac{7}{9}$	6
15	$\frac{28}{48} =$	$\frac{1}{10}$	22
16	$\frac{18}{42} =$	$\frac{3}{10}$	5
17	$\frac{35}{45} =$	$\frac{7}{10}$	1
18	$\frac{63}{72} =$	$\frac{4}{11}$	24
19	$\frac{24}{80} =$	$\frac{5}{12}$	14
20	$\frac{45}{63} =$	$\frac{7}{12}$	10
21	$\frac{16}{52} =$	$\frac{4}{13}$	4
22	$\frac{6}{16} =$	$\frac{5}{13}$	12
23	$\frac{14}{20} =$	$\frac{9}{14}$	19
24	$\frac{20}{32} =$	$\frac{4}{25}$	13

Wodurch wurde gekürzt?

Antwort = Feldzahl

1	$\frac{48}{56} = \frac{6}{7}$
2	$\frac{36}{96} = \frac{3}{8}$
3	$\frac{81}{90} = \frac{9}{10}$
4	$\frac{14}{63} = \frac{2}{9}$
5	$\frac{21}{30} = \frac{7}{10}$
6	$\frac{77}{88} = \frac{7}{8}$
7	$\frac{35}{45} = \frac{7}{9}$
8	$\frac{75}{111} = \frac{75}{111}$
9	$\frac{80}{90} = \frac{8}{9}$
10	$\frac{52}{56} = \frac{13}{14}$
11	$\frac{22}{26} = \frac{11}{13}$
12	$\frac{66}{72} = \frac{11}{12}$
13	$\frac{19}{57} = \frac{1}{3}$
14	$\frac{23}{46} = \frac{1}{2}$
15	$\frac{42}{105} = \frac{2}{5}$
16	$\frac{60}{100} = \frac{3}{5}$
17	$\frac{18}{108} = \frac{1}{6}$
18	$\frac{44}{66} = \frac{2}{3}$
19	$\frac{34}{85} = \frac{2}{5}$
20	$\frac{14}{70} = \frac{1}{5}$
21	$\frac{80}{96} = \frac{5}{6}$
22	$\frac{96}{120} = \frac{4}{5}$
23	$\frac{13}{91} = \frac{1}{7}$
24	$\frac{45}{105} = \frac{3}{7}$

Das Doppelte von . . .

Das Dreifache von . . .

Vergiß nicht, die Ergebnisse zu kürzen!

Das Doppelte von . . .

1	$\frac{1}{12}$	$\frac{1}{2}$	3
2	$\frac{3}{10}$	$\frac{1}{3}$	7
3	$\frac{2}{3}$	$\frac{1}{4}$	15
4	$\frac{3}{14}$	$\frac{3}{4}$	16
5	$\frac{1}{4}$	$\frac{3}{5}$	19
6	$\frac{3}{20}$	$\frac{4}{5}$	18
7	$\frac{7}{10}$	$\frac{1}{6}$	23
8	$\frac{3}{4}$	$\frac{5}{6}$	5
9	$\frac{5}{14}$	$\frac{3}{7}$	24
10	$\frac{7}{20}$	$\frac{5}{7}$	9
11	$\frac{2}{5}$	$\frac{3}{8}$	14
12	$\frac{3}{16}$	$\frac{5}{8}$	1
13	$\frac{1}{24}$	$\frac{5}{9}$	2
14	$\frac{1}{6}$	$\frac{7}{9}$	8
15	$\frac{5}{24}$	$\frac{3}{10}$	20
16	$\frac{9}{10}$	$\frac{7}{10}$	4
17	$\frac{5}{16}$	$\frac{1}{12}$	11
18	$\frac{5}{6}$	$\frac{5}{12}$	21
19	$\frac{5}{18}$	$1\frac{1}{2}$	17
20	$\frac{5}{12}$	$1\frac{1}{3}$	10
21	$\frac{1}{8}$	$1\frac{2}{3}$	22
22	$\frac{7}{18}$	$1\frac{2}{5}$	13
23	$\frac{7}{12}$	$1\frac{4}{5}$	12
24	$\frac{3}{8}$	$1\frac{1}{6}$	6

Das Dreifache von . . .

1	$\frac{1}{4}$	$\frac{1}{2}$	22
2	$\frac{1}{9}$	$\frac{1}{3}$	13
3	$\frac{5}{21}$	$\frac{1}{4}$	17
4	$\frac{1}{30}$	$\frac{3}{4}$	15
5	$\frac{5}{9}$	$\frac{1}{5}$	19
6	$\frac{4}{15}$	$\frac{4}{5}$	2
7	$\frac{3}{4}$	$\frac{1}{6}$	14
8	$\frac{7}{18}$	$\frac{5}{6}$	23
9	$\frac{1}{12}$	$\frac{1}{7}$	12
10	$\frac{4}{21}$	$\frac{4}{7}$	24
11	$\frac{1}{6}$	$\frac{5}{7}$	6
12	$\frac{4}{27}$	$\frac{3}{8}$	8
13	$\frac{3}{6}$	$\frac{7}{8}$	16
14	$\frac{5}{33}$	$\frac{4}{9}$	20
15	$\frac{5}{6}$	$\frac{1}{10}$	4
16	$\frac{7}{24}$	$\frac{5}{11}$	1
17	$\frac{1}{15}$	$1\frac{1}{2}$	3
18	$\frac{5}{7}$	$1\frac{2}{3}$	11
19	$\frac{1}{8}$	$1\frac{1}{4}$	21
20	$\frac{5}{12}$	$1\frac{1}{6}$	9
21	$\frac{5}{18}$	$1\frac{7}{8}$	10
22	$\frac{1}{18}$	$2\frac{1}{2}$	5
23	$\frac{5}{8}$	$2\frac{1}{4}$	7
24	$\frac{1}{21}$	$2\frac{1}{7}$	18

Welcome Zahl ist gemeint?

Die Antwort ist zugleich die Feldzahl

1 $\frac{1}{7}$ von 49 =
2 $\frac{1}{8}$ von 88 =
3 $\frac{1}{2}$ von 20 =
4 $\frac{1}{5}$ von 40 =
5 $\frac{1}{8}$ von 168 =
6 $\frac{1}{10}$ von 120 =
7 $\frac{1}{9}$ von 45 =
8 $\frac{1}{4}$ von 4 =
9 $\frac{1}{9}$ von 81 =
10 $\frac{1}{2}$ von 44 =
11 $\frac{1}{4}$ von 8 =
12 $\frac{1}{6}$ von 36 =
13 $\frac{1}{2}$ von 38 =
14 $\frac{1}{5}$ von 115 =
15 $\frac{1}{3}$ von 9 =
16 $\frac{1}{7}$ von 140 =
17 $\frac{1}{3}$ von 51 =
18 $\frac{1}{5}$ von 20 =
19 $\frac{1}{8}$ von 144 =
20 $\frac{1}{2}$ von 26 =
21 $\frac{1}{5}$ von 75 =
22 $\frac{1}{4}$ von 96 =
23 $\frac{1}{3}$ von 42 =
24 $\frac{1}{6}$ von 96 =

1 $\frac{1}{2}$ von 38 =
2 $\frac{1}{8}$ von 184 =
3 $\frac{2}{11}$ von 121 =
4 $\frac{4}{5}$ von 25 =
5 $\frac{1}{8}$ von 72 =
6 $\frac{1}{5}$ von 120 =
7 $\frac{1}{7}$ von 77 =
8 $\frac{1}{9}$ von 63 =
9 $\frac{3}{7}$ von 49 =
10 $\frac{2}{5}$ von 25 =
11 $\frac{2}{7}$ von 28 =
12 $\frac{3}{8}$ von 32 =
13 $\frac{1}{9}$ von 117 =
14 $\frac{1}{2}$ von 34 =
15 $\frac{5}{6}$ von 18 =
16 $\frac{2}{7}$ von 49 =
17 $\frac{1}{5}$ von 25 =
18 $\frac{4}{7}$ von 28 =
19 $\frac{2}{3}$ von 9 =
20 $\frac{1}{10}$ von 10 =
21 $\frac{3}{16}$ von 16 =
22 $\frac{1}{2}$ von 36 =
23 $\frac{2}{7}$ von 7 =
24 $\frac{1}{20}$ von 80 =

Mache die Brüche gleichnamig! Wie heißt die neue Aufgabe?

1	$\frac{3}{4} + \frac{1}{16} =$	$\frac{4}{6} + \frac{3}{6}$	20
2	$\frac{2}{7} + \frac{1}{2} =$	$\frac{5}{6} + \frac{4}{6}$	17
3	$\frac{5}{8} + \frac{1}{3} =$	$\frac{5}{8} + \frac{6}{8}$	1
4	$\frac{3}{5} + \frac{1}{8} =$	$\frac{2}{10} + \frac{3}{10}$	24
5	$\frac{1}{3} + \frac{1}{4} =$	$\frac{5}{10} + \frac{4}{10}$	3
6	$\frac{2}{5} + \frac{5}{6} =$	$\frac{4}{12} + \frac{3}{12}$	9
7	$\frac{4}{7} + \frac{2}{5} =$	$\frac{4}{14} + \frac{7}{14}$	23
8	$\frac{2}{3} + \frac{3}{7} =$	$\frac{6}{15} + \frac{10}{15}$	18
9	$\frac{3}{4} + \frac{3}{5} =$	$\frac{12}{16} + \frac{1}{16}$	19
10	$\frac{1}{5} + \frac{1}{8} =$	$\frac{5}{20} + \frac{12}{20}$	6
11	$\frac{2}{3} + \frac{1}{2} =$	$\frac{15}{20} + \frac{12}{20}$	21
12	$\frac{1}{5} + \frac{3}{10} =$	$\frac{14}{21} + \frac{9}{21}$	7
13	$\frac{5}{8} + \frac{3}{4} =$	$\frac{14}{21} + \frac{12}{21}$	14
14	$\frac{2}{3} + \frac{3}{8} =$	$\frac{15}{24} + \frac{8}{24}$	10
15	$\frac{1}{2} + \frac{2}{5} =$	$\frac{16}{24} + \frac{9}{24}$	5
16	$\frac{2}{3} + \frac{4}{7} =$	$\frac{12}{30} + \frac{25}{30}$	12
17	$\frac{5}{6} + \frac{2}{3} =$	$\frac{18}{30} + \frac{10}{30}$	4
18	$\frac{2}{5} + \frac{3}{8} =$	$\frac{5}{35} + \frac{14}{35}$	15
19	$\frac{1}{4} + \frac{3}{5} =$	$\frac{20}{35} + \frac{14}{35}$	11
20	$\frac{1}{6} + \frac{2}{7} =$	$\frac{8}{40} + \frac{5}{40}$	22
21	$\frac{1}{7} + \frac{2}{5} =$	$\frac{16}{40} + \frac{15}{40}$	16
22	$\frac{2}{5} + \frac{2}{3} =$	$\frac{24}{40} + \frac{5}{40}$	8
23	$\frac{5}{6} + \frac{4}{7} =$	$\frac{7}{42} + \frac{12}{42}$	13
24	$\frac{3}{5} + \frac{2}{6} =$	$\frac{35}{42} + \frac{24}{42}$	2

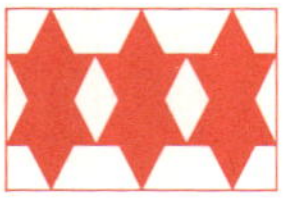

1	$\frac{2}{9} + \frac{5}{6} =$	$\frac{2}{4} + \frac{1}{4}$	23
2	$\frac{3}{10} + \frac{2}{15} =$	$\frac{3}{9} + \frac{2}{9}$	8
3	$\frac{1}{8} + \frac{3}{10} =$	$\frac{9}{12} + \frac{2}{12}$	5
4	$\frac{5}{6} + \frac{4}{15} =$	$\frac{4}{18} + \frac{15}{18}$	15
5	$\frac{3}{4} + \frac{1}{6} =$	$\frac{14}{20} + \frac{5}{20}$	3
6	$\frac{1}{12} + \frac{3}{8} =$	$\frac{15}{20} + \frac{6}{20}$	20
7	$\frac{5}{8} + \frac{5}{6} =$	$\frac{2}{24} + \frac{9}{24}$	14
8	$\frac{7}{10} + \frac{1}{4} =$	$\frac{9}{24} + \frac{1}{24}$	12
9	$\frac{3}{14} + \frac{5}{21} =$	$\frac{15}{24} + \frac{20}{24}$	1
10	$\frac{4}{15} + \frac{7}{9} =$	$\frac{7}{28} + \frac{6}{28}$	11
11	$\frac{5}{12} + \frac{2}{15} =$	$\frac{9}{30} + \frac{4}{30}$	13
12	$\frac{2}{9} + \frac{5}{12} =$	$\frac{25}{30} + \frac{8}{30}$	16
13	$\frac{3}{20} + \frac{1}{8} =$	$\frac{8}{36} + \frac{15}{36}$	2
14	$\frac{4}{21} + \frac{7}{9} =$	$\frac{5}{40} + \frac{12}{40}$	18
15	$\frac{1}{2} + \frac{1}{4} =$	$\frac{6}{40} + \frac{5}{40}$	21
16	$\frac{1}{6} + \frac{3}{14} =$	$\frac{7}{42} + \frac{9}{42}$	22
17	$\frac{5}{18} + \frac{3}{8} =$	$\frac{9}{42} + \frac{10}{42}$	17
18	$\frac{7}{10} + \frac{5}{12} =$	$\frac{12}{45} + \frac{35}{45}$	6
19	$\frac{1}{3} + \frac{2}{9} =$	$\frac{9}{48} + \frac{40}{48}$	9
20	$\frac{3}{16} + \frac{5}{6} =$	$\frac{25}{60} + \frac{8}{60}$	4
21	$\frac{1}{4} + \frac{3}{14} =$	$\frac{42}{60} + \frac{25}{60}$	24
22	$\frac{3}{4} + \frac{3}{10} =$	$\frac{12}{63} + \frac{49}{63}$	19
23	$\frac{3}{10} + \frac{1}{16} =$	$\frac{20}{72} + \frac{27}{72}$	7
24	$\frac{3}{8} + \frac{1}{24} =$	$\frac{24}{80} + \frac{5}{80}$	10

Übe das Zusammenzählen und Abziehen ungleichnamiger Brüche! – Du brauchst das Ergebnis noch nicht zu kürzen!

1	$\frac{1}{12} + \frac{1}{6} =$	$\frac{3}{4}$	11
2	$\frac{3}{10} + \frac{3}{20} =$	$\frac{3}{6}$	24
3	$\frac{3}{14} + \frac{1}{7} =$	$\frac{5}{6}$	19
4	$\frac{1}{22} + \frac{2}{11} =$	$\frac{3}{8}$	8
5	$\frac{1}{4} + \frac{1}{2} =$	$\frac{5}{8}$	14
6	$\frac{1}{18} + \frac{1}{9} =$	$\frac{7}{10}$	10
7	$\frac{3}{11} + \frac{5}{22} =$	$\frac{9}{10}$	3
8	$\frac{5}{12} + \frac{1}{6} =$	$\frac{3}{12}$	15
9	$\frac{1}{12} + \frac{1}{24} =$	$\frac{7}{12}$	9
10	$\frac{1}{3} + \frac{1}{6} =$	$\frac{11}{12}$	5
11	$\frac{5}{14} + \frac{2}{7} =$	$\frac{5}{14}$	6
12	$\frac{5}{18} + \frac{2}{9} =$	$\frac{9}{14}$	22
13	$\frac{3}{5} + \frac{3}{10} =$	$\frac{9}{16}$	21
14	$\frac{7}{30} + \frac{2}{15} =$	$\frac{13}{16}$	12
15	$\frac{1}{12} + \frac{5}{6} =$	$\frac{3}{18}$	2
16	$\frac{7}{15} + \frac{9}{30} =$	$\frac{9}{18}$	20
17	$\frac{1}{6} + \frac{2}{3} =$	$\frac{13}{18}$	18
18	$\frac{4}{9} + \frac{5}{18} =$	$\frac{3}{20}$	23
19	$\frac{1}{4} + \frac{1}{8} =$	$\frac{9}{20}$	13
20	$\frac{3}{16} + \frac{3}{8} =$	$\frac{5}{22}$	4
21	$\frac{1}{20} + \frac{1}{10} =$	$\frac{11}{22}$	7
22	$\frac{1}{4} + \frac{3}{8} =$	$\frac{3}{24}$	17
23	$\frac{2}{5} + \frac{3}{10} =$	$\frac{11}{30}$	1
24	$\frac{3}{16} + \frac{5}{8} =$	$\frac{23}{30}$	16

1	$\frac{6}{7} - \frac{1}{14} =$	$\frac{1}{4}$	10
2	$\frac{3}{4} - \frac{3}{6} =$	$\frac{1}{6}$	13
3	$\frac{1}{2} - \frac{1}{4} =$	$\frac{3}{6}$	14
4	$\frac{1}{8} - \frac{1}{16} =$	$\frac{1}{8}$	9
5	$\frac{1}{5} - \frac{1}{10} =$	$\frac{1}{10}$	3
6	$\frac{4}{9} - \frac{1}{6} =$	$\frac{5}{10}$	5
7	$\frac{1}{3} - \frac{1}{6} =$	$\frac{1}{12}$	4
8	$\frac{2}{5} - \frac{1}{9} =$	$\frac{3}{12}$	19
9	$\frac{1}{4} - \frac{1}{8} =$	$\frac{7}{12}$	15
10	$\frac{1}{4} - \frac{1}{6} =$	$\frac{1}{14}$	7
11	$\frac{5}{8} - \frac{5}{16} =$	$\frac{5}{14}$	22
12	$\frac{2}{3} - \frac{1}{6} =$	$\frac{9}{14}$	8
13	$\frac{2}{15} - \frac{1}{30} =$	$\frac{11}{14}$	23
14	$\frac{1}{7} - \frac{1}{14} =$	$\frac{1}{16}$	24
15	$\frac{1}{4} - \frac{1}{7} =$	$\frac{5}{16}$	18
16	$\frac{9}{10} - \frac{1}{4} =$	$\frac{1}{18}$	1
17	$\frac{1}{9} - \frac{1}{18} =$	$\frac{5}{18}$	20
18	$\frac{3}{7} - \frac{1}{14} =$	$\frac{11}{18}$	6
19	$\frac{5}{11} - \frac{3}{22} =$	$\frac{13}{20}$	12
20	$\frac{4}{5} - \frac{3}{10} =$	$\frac{7}{22}$	2
21	$\frac{3}{4} - \frac{1}{6} =$	$\frac{3}{28}$	21
22	$\frac{6}{7} - \frac{3}{14} =$	$\frac{5}{28}$	16
23	$\frac{7}{9} - \frac{1}{6} =$	$\frac{3}{30}$	11
24	$\frac{1}{4} - \frac{1}{14} =$	$\frac{13}{45}$	17

Jetzt mußt du deine Ergebnisse kürzen!

1	$\frac{3}{4} - \frac{1}{10} =$	$\frac{1}{3}$	18
2	$\frac{7}{9} - \frac{1}{6} =$	$\frac{2}{3}$	2
3	$\frac{1}{2} + \frac{1}{10} =$	$\frac{1}{5}$	16
4	$\frac{1}{4} + \frac{1}{6} =$	$\frac{2}{5}$	14
5	$\frac{1}{8} + \frac{1}{10} =$	$\frac{3}{5}$	8
6	$\frac{4}{5} - \frac{1}{10} =$	$\frac{4}{5}$	23
7	$\frac{2}{3} + \frac{1}{9} =$	$\frac{1}{6}$	15
8	$\frac{1}{6} - \frac{1}{9} =$	$\frac{7}{9}$	5
9	$\frac{1}{9} + \frac{1}{12} =$	$\frac{3}{10}$	21
10	$\frac{11}{12} - \frac{1}{4} =$	$\frac{7}{10}$	12
11	$\frac{5}{6} - \frac{1}{4} =$	$\frac{1}{12}$	6
12	$\frac{1}{4} - \frac{1}{6} =$	$\frac{5}{12}$	10
13	$\frac{7}{10} - \frac{2}{5} =$	$\frac{7}{12}$	4
14	$\frac{1}{2} + \frac{3}{10} =$	$\frac{8}{15}$	17
15	$\frac{2}{9} + \frac{5}{12} =$	$\frac{1}{18}$	3
16	$\frac{5}{8} - \frac{1}{6} =$	$\frac{5}{18}$	20
17	$\frac{4}{5} - \frac{4}{15} =$	$\frac{7}{18}$	13
18	$\frac{1}{6} + \frac{1}{9} =$	$\frac{11}{18}$	11
19	$\frac{5}{6} - \frac{1}{2} =$	$\frac{13}{20}$	9
20	$\frac{1}{4} - \frac{1}{12} =$	$\frac{11}{24}$	22
21	$\frac{2}{9} + \frac{1}{6} =$	$\frac{19}{24}$	24
22	$\frac{7}{8} - \frac{1}{12} =$	$\frac{7}{36}$	7
23	$\frac{8}{15} - \frac{1}{3} =$	$\frac{23}{36}$	19
24	$\frac{9}{10} - \frac{1}{2} =$	$\frac{9}{40}$	1

1	$\frac{2}{5} + \frac{3}{10} =$	$\frac{1}{4}$	18
2	$\frac{1}{2} + \frac{2}{3} =$	$\frac{1}{6}$	20
3	$\frac{1}{2} - \frac{1}{3} =$	$\frac{5}{8}$	15
4	$\frac{3}{4} - \frac{3}{10} =$	$\frac{7}{10}$	23
5	$\frac{5}{6} - \frac{3}{4} =$	$\frac{9}{10}$	10
6	$\frac{2}{5} + \frac{1}{2} =$	$\frac{1}{12}$	13
7	$\frac{5}{12} - \frac{2}{9} =$	$\frac{5}{12}$	16
8	$\frac{1}{2} + \frac{5}{6} =$	$\frac{2}{15}$	1
9	$\frac{2}{7} + \frac{3}{8} =$	$\frac{9}{20}$	24
10	$\frac{11}{12} - \frac{4}{9} =$	$\frac{4}{21}$	22
11	$\frac{3}{4} - \frac{1}{2} =$	$\frac{5}{24}$	2
12	$\frac{7}{10} + \frac{4}{15} =$	$\frac{7}{24}$	8
13	$\frac{1}{2} + \frac{7}{8} =$	$\frac{11}{24}$	5
14	$\frac{3}{10} - \frac{1}{15} =$	$\frac{1}{30}$	12
15	$\frac{1}{9} + \frac{1}{7} =$	$\frac{7}{30}$	21
16	$\frac{5}{6} - \frac{4}{5} =$	$\frac{29}{30}$	4
17	$\frac{7}{8} - \frac{3}{12} =$	$\frac{7}{36}$	3
18	$\frac{5}{12} - \frac{1}{8} =$	$\frac{17}{36}$	14
19	$\frac{3}{4} - \frac{1}{3} =$	$\frac{8}{45}$	6
20	$\frac{5}{8} - \frac{1}{6} =$	$\frac{37}{56}$	19
21	$\frac{3}{10} - \frac{1}{6} =$	$\frac{16}{63}$	7
22	$\frac{6}{7} - \frac{2}{3} =$	$1\frac{1}{3}$	17
23	$\frac{1}{9} + \frac{1}{15} =$	$1\frac{1}{6}$	9
24	$\frac{5}{8} - \frac{5}{12} =$	$1\frac{3}{8}$	11

Übe das Malnehmen!

1	$3 \cdot \frac{1}{5} =$	$\frac{1}{2}$	17
2	$1 \cdot \frac{1}{2} =$	$\frac{2}{3}$	3
3	$\frac{1}{6} \cdot 7 =$	$\frac{1}{4}$	15
4	$3 \cdot \frac{1}{7} =$	$\frac{3}{4}$	23
5	$2 \cdot \frac{1}{3} =$	$\frac{2}{5}$	6
6	$5 \cdot \frac{1}{8} =$	$\frac{3}{5}$	13
7	$\frac{1}{5} \cdot 4 =$	$\frac{4}{5}$	5
8	$7 \cdot \frac{1}{8} =$	$\frac{5}{6}$	7
9	$1 \cdot \frac{1}{4} =$	$\frac{2}{7}$	20
10	$5 \cdot \frac{2}{3} =$	$\frac{3}{7}$	14
11	$\frac{4}{5} \cdot 3 =$	$\frac{5}{7}$	24
12	$2 \cdot \frac{1}{5} =$	$\frac{3}{8}$	10
13	$\frac{3}{7} \cdot 5 =$	$\frac{5}{8}$	18
14	$3 \cdot \frac{1}{4} =$	$\frac{7}{8}$	1
15	$\frac{3}{8} \cdot 3 =$	$\frac{8}{9}$	11
16	$\frac{1}{7} \cdot 2 =$	$1\frac{1}{3}$	22
17	$4 \cdot \frac{2}{9} =$	$1\frac{1}{6}$	16
18	$4 \cdot \frac{1}{3} =$	$1\frac{1}{8}$	21
19	$\frac{3}{10} \cdot 7 =$	$2\frac{2}{5}$	2
20	$\frac{1}{6} \cdot 5 =$	$2\frac{1}{7}$	19
21	$5 \cdot \frac{3}{4} =$	$2\frac{1}{10}$	12
22	$5 \cdot \frac{1}{7} =$	$3\frac{1}{3}$	4
23	$6 \cdot \frac{4}{7} =$	$3\frac{3}{4}$	9
24	$\frac{1}{8} \cdot 3 =$	$3\frac{3}{7}$	8

1	$1\frac{1}{3} \cdot 2 =$	$2\frac{2}{3}$	11
2	$2\frac{1}{8} \cdot 3 =$	$2\frac{4}{9}$	23
3	$2 \cdot 6\frac{2}{9} =$	$2\frac{4}{11}$	16
4	$3 \cdot 3\frac{1}{8} =$	$3\frac{3}{4}$	15
5	$3 \cdot 1\frac{1}{4} =$	$3\frac{3}{5}$	21
6	$1\frac{1}{10} \cdot 3 =$	$3\frac{3}{10}$	8
7	$1\frac{1}{8} \cdot 6 =$	$4\frac{4}{5}$	17
8	$2\frac{3}{10} \cdot 3 =$	$4\frac{4}{9}$	4
9	$1\frac{1}{5} \cdot 3 =$	$4\frac{6}{13}$	18
10	$2 \cdot 1\frac{2}{11} =$	$6\frac{3}{4}$	1
11	$3 \cdot 2\frac{2}{11} =$	$6\frac{2}{5}$	2
12	$3\frac{1}{5} \cdot 2 =$	$6\frac{6}{7}$	20
13	$2 \cdot 1\frac{2}{9} =$	$6\frac{3}{8}$	7
14	$3 \cdot 2\frac{3}{11} =$	$6\frac{9}{10}$	5
15	$3\frac{1}{7} \cdot 4 =$	$6\frac{6}{11}$	6
16	$2 \cdot 3\frac{7}{15} =$	$6\frac{9}{11}$	19
17	$7 \cdot 1\frac{1}{9} =$	$6\frac{14}{15}$	24
18	$3\frac{2}{7} \cdot 3 =$	$7\frac{7}{9}$	13
19	$4 \cdot 4\frac{1}{15} =$	$8\frac{8}{9}$	3
20	$2\frac{2}{5} \cdot 2 =$	$9\frac{6}{7}$	10
21	$4 \cdot 2\frac{2}{9} =$	$9\frac{3}{8}$	12
22	$3 \cdot 2\frac{2}{7} =$	$12\frac{4}{7}$	9
23	$2\frac{3}{13} \cdot 2 =$	$12\frac{4}{9}$	22
24	$4 \cdot 1\frac{1}{9} =$	$16\frac{4}{15}$	14

Übe das Malnehmen!
Vergiß nicht, die Ergebnisse zu kürzen!

1	$\frac{1}{2} \cdot \frac{1}{2} =$	$\frac{1}{2}$	6
2	$\frac{2}{3} \cdot \frac{1}{6} =$	$\frac{2}{3}$	24
3	$\frac{1}{3} \cdot \frac{1}{2} =$	$\frac{1}{4}$	15
4	$\frac{1}{2} \cdot \frac{3}{8} =$	$\frac{2}{5}$	7
5	$\frac{2}{3} \cdot \frac{3}{5} =$	$\frac{3}{5}$	22
6	$\frac{3}{4} \cdot \frac{2}{3} =$	$\frac{1}{6}$	2
7	$\frac{7}{8} \cdot \frac{2}{3} =$	$\frac{1}{7}$	18
8	$\frac{1}{4} \cdot \frac{1}{2} =$	$\frac{2}{7}$	12
9	$\frac{2}{5} \cdot \frac{2}{3} =$	$\frac{1}{8}$	9
10	$\frac{4}{5} \cdot \frac{3}{8} =$	$\frac{1}{9}$	17
11	$\frac{4}{5} \cdot \frac{3}{4} =$	$\frac{5}{9}$	14
12	$\frac{3}{4} \cdot \frac{8}{9} =$	$\frac{3}{10}$	20
13	$\frac{1}{5} \cdot \frac{1}{3} =$	$\frac{1}{12}$	5
14	$\frac{3}{8} \cdot \frac{2}{9} =$	$\frac{7}{12}$	11
15	$\frac{2}{3} \cdot \frac{1}{7} =$	$\frac{3}{14}$	16
16	$\frac{3}{8} \cdot \frac{4}{7} =$	$\frac{1}{15}$	3
17	$\frac{1}{6} \cdot \frac{1}{4} =$	$\frac{2}{15}$	19
18	$\frac{5}{6} \cdot \frac{2}{3} =$	$\frac{4}{15}$	13
19	$\frac{3}{7} \cdot \frac{2}{3} =$	$\frac{8}{15}$	8
20	$\frac{1}{5} \cdot \frac{1}{6} =$	$\frac{3}{16}$	4
21	$\frac{2}{3} \cdot \frac{1}{5} =$	$\frac{2}{21}$	1
22	$\frac{2}{7} \cdot \frac{1}{2} =$	$\frac{1}{24}$	23
23	$\frac{3}{4} \cdot \frac{5}{7} =$	$\frac{15}{28}$	10
24	$\frac{4}{5} \cdot \frac{2}{3} =$	$\frac{1}{30}$	21

1	$2 \cdot \frac{1}{5} =$	$\frac{1}{2}$	3
2	$1\frac{1}{5} \cdot 3 =$	$\frac{1}{3}$	23
3	$\frac{2}{7} \cdot 3 =$	$\frac{2}{3}$	16
4	$3 \cdot 3\frac{2}{15} =$	$\frac{3}{4}$	22
5	$4 \cdot \frac{1}{8} =$	$\frac{2}{5}$	8
6	$3 \cdot 2\frac{2}{7} =$	$\frac{4}{5}$	1
7	$1\frac{1}{8} \cdot 4 =$	$\frac{1}{6}$	10
8	$\frac{1}{5} \cdot 4 =$	$\frac{1}{7}$	20
9	$\frac{1}{3} \cdot \frac{1}{2} =$	$\frac{6}{7}$	9
10	$6 \cdot \frac{3}{8} =$	$\frac{8}{9}$	21
11	$\frac{1}{4} \cdot \frac{2}{5} =$	$\frac{1}{10}$	2
12	$\frac{1}{5} \cdot \frac{1}{3} =$	$\frac{3}{10}$	24
13	$5 \cdot \frac{4}{15} =$	$\frac{1}{12}$	17
14	$\frac{2}{5} \cdot \frac{5}{6} =$	$\frac{1}{15}$	6
15	$\frac{2}{9} \cdot 4 =$	$1\frac{1}{3}$	19
16	$\frac{1}{3} \cdot \frac{3}{7} =$	$1\frac{1}{8}$	15
17	$2\frac{2}{9} \cdot 3 =$	$2\frac{1}{3}$	14
18	$2 \cdot \frac{3}{8} =$	$2\frac{1}{4}$	4
19	$\frac{2}{9} \cdot \frac{3}{8} =$	$3\frac{1}{3}$	13
20	$2 \cdot 1\frac{1}{6} =$	$3\frac{3}{5}$	12
21	$\frac{2}{9} \cdot 3 =$	$4\frac{1}{2}$	5
22	$\frac{3}{4} \cdot \frac{2}{5} =$	$6\frac{2}{3}$	18
23	$\frac{2}{3} \cdot 5 =$	$6\frac{6}{7}$	11
24	$\frac{3}{8} \cdot 3 =$	$9\frac{2}{5}$	7

Übe das Malnehmen!
Vergiß nicht, die Ergebnisse zu kürzen!

1	$6 \cdot \frac{1}{2} =$	$\frac{1}{3}$	9
2	$\frac{1}{2} \cdot \frac{1}{2} =$	$\frac{2}{3}$	5
3	$1\frac{2}{5} \cdot 3 =$	$\frac{1}{4}$	19
4	$\frac{2}{7} \cdot \frac{3}{4} =$	$\frac{3}{4}$	3
5	$2 \cdot \frac{3}{8} =$	$\frac{1}{5}$	11
6	$3\frac{2}{3} \cdot 4 =$	$\frac{4}{5}$	18
7	$2\frac{3}{7} \cdot 4 =$	$\frac{1}{7}$	14
8	$\frac{2}{5} \cdot \frac{2}{3} =$	$\frac{1}{8}$	1
9	$\frac{2}{3} \cdot \frac{1}{2} =$	$\frac{3}{14}$	24
10	$2\frac{1}{4} \cdot 2\frac{2}{3} =$	$\frac{4}{15}$	17
11	$2 \cdot \frac{2}{5} =$	$\frac{1}{20}$	15
12	$\frac{2}{7} \cdot \frac{3}{6} =$	1	21
13	$\frac{2}{5} \cdot \frac{1}{2} =$	$1\frac{1}{2}$	2
14	$4 \cdot \frac{3}{9} =$	$1\frac{1}{3}$	7
15	$\frac{1}{8} \cdot 8 =$	2	8
16	$3 \cdot 3\frac{2}{3} =$	3	23
17	$2 \cdot \frac{1}{16} =$	$3\frac{1}{3}$	6
18	$2\frac{2}{3} \cdot 5 =$	$4\frac{1}{5}$	10
19	$4 \cdot \frac{3}{8} =$	$4\frac{2}{7}$	16
20	$\frac{2}{9} \cdot 3 =$	6	4
21	$\frac{1}{8} \cdot \frac{2}{5} =$	$9\frac{5}{7}$	13
22	$6 \cdot \frac{1}{3} =$	11	12
23	$2\frac{1}{2} \cdot 1\frac{1}{3} =$	$13\frac{1}{3}$	22
24	$5 \cdot \frac{6}{7} =$	$14\frac{2}{3}$	20

1	$\frac{1}{2} \cdot \frac{4}{5} =$	$\frac{1}{4}$	6
2	$4 \cdot \frac{3}{8} =$	$\frac{1}{5}$	2
3	$\frac{2}{5} \cdot 10 =$	$\frac{2}{5}$	19
4	$\frac{1}{2} \cdot 2 =$	$\frac{3}{5}$	12
5	$\frac{1}{2} \cdot 2\frac{1}{4} =$	$\frac{1}{6}$	22
6	$\frac{4}{5} \cdot \frac{3}{4} =$	$\frac{4}{7}$	7
7	$6 \cdot \frac{5}{6} =$	$\frac{3}{8}$	4
8	$\frac{2}{3} \cdot \frac{6}{7} =$	$\frac{2}{9}$	15
9	$4 \cdot \frac{5}{6} =$	$\frac{1}{10}$	24
10	$\frac{3}{10} \cdot \frac{5}{9} =$	$\frac{3}{10}$	14
11	$2\frac{1}{2} \cdot 3\frac{1}{5} =$	1	8
12	$\frac{3}{5} \cdot \frac{1}{6} =$	$1\frac{1}{2}$	23
13	$1\frac{1}{4} \cdot 1\frac{3}{5} =$	$1\frac{3}{4}$	16
14	$\frac{3}{10} \cdot 6 =$	$1\frac{4}{5}$	5
15	$6 \cdot \frac{8}{9} =$	$1\frac{1}{8}$	9
16	$\frac{3}{8} \cdot \frac{4}{5} =$	2	1
17	$12 \cdot \frac{1}{2} =$	3	13
18	$4 \cdot \frac{7}{16} =$	$3\frac{1}{3}$	21
19	$\frac{2}{5} \cdot \frac{5}{8} =$	4	10
20	$\frac{3}{7} \cdot 7 =$	5	11
21	$\frac{4}{15} \cdot \frac{5}{6} =$	$5\frac{1}{3}$	3
22	$1\frac{1}{2} \cdot 4\frac{1}{3} =$	6	17
23	$\frac{1}{2} \cdot \frac{2}{5} =$	$6\frac{1}{2}$	18
24	$\frac{5}{12} \cdot \frac{9}{10} =$	8	20

Übe das Teilen!

1	$\frac{4}{9} : 2 =$	$\frac{1}{3}$	21
2	$\frac{3}{10} : 3 =$	$\frac{1}{4}$	11
3	$\frac{4}{5} : 2 =$	$\frac{1}{5}$	16
4	$\frac{5}{12} : 5 =$	$\frac{2}{5}$	12
5	$\frac{8}{13} : 4 =$	$\frac{1}{7}$	18
6	$\frac{2}{9} : 2 =$	$\frac{2}{7}$	4
7	$\frac{6}{7} : 3 =$	$\frac{1}{8}$	5
8	$\frac{7}{13} : 7 =$	$\frac{1}{9}$	10
9	$\frac{9}{11} : 3 =$	$\frac{2}{9}$	7
10	$\frac{12}{17} : 4 =$	$\frac{1}{10}$	9
11	$\frac{4}{15} : 4 =$	$\frac{1}{11}$	15
12	$\frac{4}{15} : 2 =$	$\frac{3}{11}$	23
13	$\frac{8}{17} : 4 =$	$\frac{1}{12}$	20
14	$\frac{8}{15} : 2 =$	$\frac{1}{13}$	1
15	$\frac{3}{4} : 3 =$	$\frac{2}{13}$	17
16	$\frac{9}{16} : 3 =$	$\frac{1}{14}$	2
17	$\frac{6}{11} : 6 =$	$\frac{1}{15}$	14
18	$\frac{8}{19} : 4 =$	$\frac{2}{15}$	3
19	$\frac{2}{5} : 2 =$	$\frac{4}{15}$	22
20	$\frac{5}{16} : 5 =$	$\frac{1}{16}$	13
21	$\frac{7}{8} : 7 =$	$\frac{3}{16}$	8
22	$\frac{2}{3} : 2 =$	$\frac{2}{17}$	19
23	$\frac{5}{14} : 5 =$	$\frac{3}{17}$	6
24	$\frac{6}{7} : 6 =$	$\frac{2}{19}$	24

1	$\frac{1}{7} : 3 =$	$\frac{1}{6}$	5
2	$\frac{3}{7} : 2 =$	$\frac{1}{8}$	6
3	$\frac{2}{3} : 3 =$	$\frac{2}{9}$	9
4	$\frac{2}{5} : 5 =$	$\frac{1}{10}$	20
5	$\frac{4}{9} : 3 =$	$\frac{1}{12}$	14
6	$\frac{4}{5} : 3 =$	$\frac{5}{12}$	1
7	$\frac{1}{2} : 3 =$	$\frac{1}{14}$	13
8	$\frac{5}{6} : 2 =$	$\frac{3}{14}$	12
9	$\frac{1}{8} : 5 =$	$\frac{2}{15}$	4
10	$\frac{2}{5} : 3 =$	$\frac{4}{15}$	11
11	$\frac{5}{9} : 4 =$	$\frac{3}{20}$	15
12	$\frac{1}{2} : 4 =$	$\frac{1}{21}$	8
13	$\frac{5}{7} : 3 =$	$\frac{2}{21}$	23
14	$\frac{2}{7} : 3 =$	$\frac{5}{21}$	19
15	$\frac{3}{7} : 5 =$	$\frac{2}{25}$	7
16	$\frac{1}{2} : 5 =$	$\frac{2}{27}$	22
17	$\frac{4}{7} : 5 =$	$\frac{4}{27}$	3
18	$\frac{2}{9} : 3 =$	$\frac{5}{28}$	17
19	$\frac{5}{7} : 4 =$	$\frac{5}{32}$	16
20	$\frac{1}{2} : 6 =$	$\frac{2}{33}$	24
21	$\frac{5}{8} : 4 =$	$\frac{3}{35}$	21
22	$\frac{2}{11} : 3 =$	$\frac{4}{35}$	18
23	$\frac{1}{2} : 7 =$	$\frac{5}{36}$	2
24	$\frac{3}{5} : 4 =$	$\frac{1}{40}$	10

Übe das Teilen!

1	$1\frac{1}{8} : 3 =$	$\frac{1}{2}$	2
2	$1\frac{1}{7} : 2 =$	$\frac{1}{3}$	12
3	$2\frac{1}{6} : 13 =$	$\frac{2}{3}$	3
4	$4\frac{1}{2} : 3 =$	$\frac{1}{4}$	14
5	$3\frac{1}{3} : 5 =$	$\frac{3}{4}$	5
6	$2\frac{3}{4} : 11 =$	$\frac{2}{5}$	10
7	$4\frac{2}{5} : 4 =$	$\frac{4}{5}$	22
8	$1\frac{1}{2} : 2 =$	$\frac{1}{6}$	16
9	$2\frac{1}{10} : 3 =$	$\frac{5}{6}$	9
10	$2\frac{2}{7} : 8 =$	$\frac{2}{7}$	4
11	$3\frac{3}{10} : 11 =$	$\frac{4}{7}$	13
12	$1\frac{1}{2} : 3 =$	$\frac{5}{7}$	20
13	$1\frac{5}{9} : 7 =$	$\frac{1}{8}$	8
14	$2\frac{1}{3} : 3 =$	$\frac{3}{8}$	17
15	$2\frac{2}{9} : 5 =$	$\frac{2}{9}$	23
16	$4\frac{1}{5} : 3 =$	$\frac{4}{9}$	21
17	$2\frac{1}{10} : 2 =$	$\frac{7}{9}$	19
18	$2\frac{2}{5} : 3 =$	$\frac{3}{10}$	6
19	$2\frac{3}{8} : 19 =$	$\frac{7}{10}$	15
20	$8\frac{2}{3} : 2 =$	$1\frac{1}{2}$	18
21	$2\frac{1}{2} : 3 =$	$1\frac{2}{5}$	24
22	$3\frac{4}{7} : 5 =$	$1\frac{1}{10}$	1
23	$2\frac{1}{3} : 7 =$	$1\frac{1}{20}$	7
24	$2\frac{4}{5} : 7 =$	$4\frac{1}{3}$	11

1	$\frac{5}{6} : 5 =$	$\frac{1}{3}$	1
2	$2\frac{2}{5} : 4 =$	$\frac{2}{3}$	4
3	$\frac{2}{7} : 4 =$	$\frac{3}{5}$	13
4	$\frac{2}{5} : 3 =$	$\frac{1}{6}$	15
5	$\frac{4}{5} : 14 =$	$\frac{1}{7}$	17
6	$\frac{5}{16} : 5 =$	$\frac{2}{7}$	22
7	$1\frac{1}{3} : 4 =$	$\frac{3}{7}$	20
8	$\frac{16}{23} : 8 =$	$\frac{1}{8}$	2
9	$1\frac{3}{7} : 10 =$	$\frac{3}{8}$	7
10	$\frac{2}{5} : 4 =$	$\frac{1}{9}$	23
11	$3\frac{1}{3} : 5 =$	$\frac{2}{9}$	12
12	$\frac{1}{4} : 2 =$	$\frac{4}{9}$	21
13	$\frac{8}{9} : 2 =$	$\frac{1}{10}$	6
14	$4\frac{1}{5} : 3 =$	$\frac{1}{14}$	18
15	$\frac{2}{9} : 2 =$	$\frac{1}{15}$	24
16	$\frac{6}{7} : 3 =$	$\frac{2}{15}$	16
17	$3\frac{3}{4} : 10 =$	$\frac{1}{16}$	14
18	$\frac{1}{5} : 3 =$	$\frac{1}{18}$	11
19	$4\frac{2}{3} : 4 =$	$\frac{3}{20}$	10
20	$\frac{5}{9} : 3 =$	$\frac{2}{23}$	3
21	$\frac{4}{9} : 8 =$	$\frac{5}{27}$	9
22	$2\frac{1}{7} : 5 =$	$\frac{2}{35}$	5
23	$\frac{18}{20} : 6 =$	$1\frac{2}{5}$	19
24	$\frac{4}{9} : 2 =$	$1\frac{1}{6}$	8

Bilde den Kehrwert von . . .

1	$\frac{2}{3}$	$\frac{3}{2}$	20
2	$\frac{3}{4}$	$\frac{4}{2}$	22
3	$1\frac{1}{8}$	$\frac{5}{2}$	17
4	$2\frac{1}{10}$	$\frac{7}{2}$	9
5	$\frac{3}{5}$	$\frac{9}{2}$	11
6	$2\frac{4}{5}$	$\frac{4}{3}$	24
7	$\frac{5}{9}$	$\frac{5}{3}$	16
8	$2\frac{2}{3}$	$\frac{7}{3}$	12
9	$\frac{2}{4}$	$\frac{9}{3}$	2
10	$4\frac{1}{2}$	$\frac{9}{5}$	18
11	$3\frac{1}{6}$	$\frac{10}{7}$	7
12	$\frac{2}{5}$	$\frac{3}{8}$	14
13	$2\frac{2}{5}$	$\frac{9}{8}$	3
14	$\frac{3}{7}$	$\frac{2}{9}$	15
15	$3\frac{5}{6}$	$\frac{8}{9}$	21
16	$\frac{7}{10}$	$\frac{5}{12}$	8
17	$4\frac{1}{8}$	$\frac{5}{14}$	23
18	$\frac{2}{7}$	$\frac{6}{19}$	13
19	$5\frac{1}{6}$	$\frac{10}{21}$	19
20	$\frac{3}{9}$	$\frac{6}{23}$	10
21	$5\frac{5}{8}$	$\frac{6}{31}$	5
22	$\frac{2}{9}$	$\frac{8}{33}$	6
23	$5\frac{4}{9}$	$\frac{8}{45}$	4
24	$\frac{8}{9}$	$\frac{9}{49}$	1

Übe das Teilen!

1	$\frac{3}{8} : \frac{5}{8} =$	$\frac{1}{2}$	23
2	$\frac{2}{3} : \frac{4}{5} =$	$\frac{1}{3}$	21
3	$\frac{3}{8} : \frac{3}{4} =$	$\frac{2}{3}$	11
4	$\frac{1}{4} : \frac{3}{4} =$	$\frac{1}{4}$	24
5	$\frac{2}{7} : \frac{4}{5} =$	$\frac{2}{5}$	9
6	$\frac{2}{5} : \frac{9}{10} =$	$\frac{3}{5}$	22
7	$\frac{5}{6} : \frac{1}{2} =$	$\frac{5}{6}$	20
8	$\frac{1}{5} : \frac{5}{6} =$	$\frac{4}{7}$	7
9	$\frac{1}{6} : \frac{2}{3} =$	$\frac{5}{7}$	18
10	$\frac{1}{3} : \frac{1}{2} =$	$\frac{3}{8}$	5
11	$\frac{8}{25} : \frac{4}{5} =$	$\frac{5}{8}$	4
12	$\frac{3}{7} : \frac{3}{4} =$	$\frac{7}{8}$	16
13	$\frac{7}{16} : \frac{1}{2} =$	$\frac{4}{9}$	19
14	$\frac{9}{20} : \frac{3}{10} =$	$\frac{5}{12}$	2
15	$\frac{3}{7} : \frac{3}{5} =$	$\frac{5}{14}$	12
16	$\frac{7}{12} : \frac{1}{6} =$	$\frac{6}{25}$	10
17	$\frac{1}{8} : \frac{3}{10} =$	$\frac{3}{32}$	3
18	$\frac{5}{16} : \frac{1}{4} =$	$1\frac{1}{2}$	14
19	$\frac{5}{9} : \frac{2}{9} =$	$1\frac{2}{3}$	8
20	$\frac{5}{24} : \frac{1}{3} =$	$1\frac{1}{4}$	17
21	$\frac{4}{9} : \frac{1}{6} =$	$1\frac{1}{5}$	13
22	$\frac{3}{5} : \frac{1}{2} =$	$2\frac{1}{2}$	1
23	$\frac{1}{12} : \frac{8}{9} =$	$2\frac{2}{3}$	6
24	$\frac{1}{4} : \frac{2}{3} =$	$3\frac{1}{2}$	15

Für gute Rechner
Übe das Teilen!

1	$\frac{1}{2} : \frac{2}{7} =$	$\frac{1}{2}$	2
2	$\frac{1}{3} : \frac{1}{12} =$	$\frac{1}{3}$	22
3	$\frac{1}{4} : \frac{1}{3} =$	$\frac{3}{4}$	10
4	$1\frac{1}{3} : 1\frac{1}{9} =$	$\frac{2}{5}$	14
5	$\frac{3}{4} : \frac{1}{2} =$	$\frac{4}{5}$	19
6	$1\frac{1}{6} : \frac{1}{4} =$	$\frac{5}{6}$	17
7	$\frac{1}{3} : \frac{5}{12} =$	$\frac{6}{7}$	13
8	$\frac{1}{3} : 1\frac{1}{9} =$	$\frac{3}{8}$	15
9	$1\frac{1}{4} : \frac{1}{4} =$	$\frac{2}{9}$	16
10	$1\frac{1}{2} : 1\frac{1}{2} =$	$\frac{8}{9}$	18
11	$\frac{1}{8} : 1\frac{1}{4} =$	$\frac{1}{10}$	24
12	$\frac{1}{2} : \frac{3}{8} =$	$\frac{3}{10}$	23
13	$1\frac{3}{4} : 1\frac{1}{4} =$	1	4
14	$1\frac{1}{4} : \frac{5}{8} =$	$1\frac{1}{2}$	3
15	$\frac{1}{2} : \frac{3}{16} =$	$1\frac{1}{3}$	20
16	$2\frac{1}{2} : \frac{5}{6} =$	$1\frac{3}{4}$	11
17	$1\frac{1}{7} : 1\frac{1}{3} =$	$1\frac{1}{5}$	12
18	$\frac{4}{9} : 1\frac{1}{3} =$	$1\frac{2}{5}$	5
19	$\frac{1}{10} : \frac{1}{4} =$	2	1
20	$1\frac{1}{4} : 1\frac{1}{2} =$	$2\frac{2}{3}$	21
21	$\frac{1}{2} : 1\frac{1}{3} =$	3	6
22	$\frac{1}{3} : \frac{2}{3} =$	4	7
23	$\frac{1}{9} : \frac{1}{8} =$	$4\frac{2}{3}$	8
24	$\frac{1}{3} : 1\frac{1}{2} =$	5	9

1	$4\frac{1}{2} : \frac{1}{2} =$	$\frac{2}{5}$	16
2	$2\frac{1}{7} : \frac{5}{6} =$	$\frac{3}{7}$	21
3	$1\frac{1}{9} : \frac{5}{7} =$	$\frac{4}{7}$	24
4	$1\frac{2}{7} : \frac{3}{4} =$	$\frac{6}{35}$	11
5	$1\frac{2}{5} : 1\frac{2}{5} =$	1	3
6	$1\frac{3}{4} : 1\frac{1}{2} =$	$1\frac{1}{3}$	4
7	$1\frac{1}{2} : \frac{6}{7} =$	$1\frac{2}{3}$	13
8	$1\frac{1}{3} : \frac{5}{6} =$	$1\frac{3}{4}$	7
9	$1\frac{2}{5} : \frac{2}{5} =$	$1\frac{2}{5}$	15
10	$1\frac{1}{9} : \frac{5}{6} =$	$1\frac{3}{5}$	23
11	$3\frac{1}{3} : \frac{10}{11} =$	$1\frac{1}{6}$	14
12	$1\frac{1}{5} : \frac{3}{7} =$	$1\frac{5}{7}$	6
13	$1\frac{1}{8} : \frac{3}{9} =$	$1\frac{5}{9}$	10
14	$1\frac{1}{3} : \frac{4}{5} =$	$1\frac{3}{11}$	19
15	$\frac{4}{7} : 1\frac{1}{3} =$	2	8
16	$1\frac{3}{7} : \frac{5}{8} =$	$2\frac{4}{5}$	20
17	$1\frac{3}{4} : 1\frac{3}{8} =$	$2\frac{2}{7}$	18
18	$2\frac{1}{9} : \frac{1}{3} =$	$2\frac{4}{7}$	1
19	$1\frac{1}{3} : \frac{2}{3} =$	$3\frac{1}{2}$	9
20	$\frac{2}{5} : 2\frac{1}{3} =$	$3\frac{2}{3}$	12
21	$1\frac{1}{6} : \frac{5}{6} =$	$3\frac{3}{8}$	5
22	$1\frac{1}{2} : \frac{3}{8} =$	4	2
23	$\frac{5}{7} : 1\frac{1}{4} =$	$6\frac{1}{3}$	22
24	$\frac{1}{2} : 1\frac{1}{4} =$	9	17

Vermischte Aufgaben

1	$3 + \frac{3}{4} =$	$\frac{1}{2}$	10
2	$\frac{1}{2} \cdot \frac{1}{4} =$	$\frac{1}{3}$	2
3	$4\frac{1}{2} - 1\frac{1}{4} =$	$\frac{2}{3}$	16
4	$\frac{1}{2} : \frac{3}{4} =$	$\frac{1}{4}$	19
5	$4 + 2\frac{3}{4} =$	$\frac{3}{4}$	3
6	$\frac{2}{3} \cdot \frac{1}{6} =$	$\frac{1}{5}$	11
7	$\frac{3}{8} : 1\frac{1}{4} =$	$\frac{1}{6}$	23
8	$\frac{1}{4} + \frac{1}{2} =$	$\frac{5}{6}$	9
9	$\frac{1}{2} \cdot \frac{1}{2} =$	$\frac{2}{7}$	18
10	$1 - \frac{2}{3} =$	$\frac{1}{8}$	17
11	$2\frac{1}{4} - \frac{1}{5} =$	$\frac{1}{9}$	24
12	$\frac{1}{3} \cdot \frac{6}{7} =$	$\frac{3}{10}$	5
13	$\frac{1}{6} + 1\frac{1}{6} =$	$1\frac{1}{2}$	6
14	$\frac{2}{3} \cdot \frac{1}{4} =$	$1\frac{1}{3}$	21
15	$2\frac{1}{8} - \frac{1}{6} =$	$1\frac{23}{24}$	7
16	$3 + \frac{2}{5} =$	$2\frac{1}{20}$	4
17	$\frac{2}{5} \cdot \frac{1}{2} =$	$3\frac{1}{4}$	14
18	$5 - \frac{4}{5} =$	$3\frac{3}{4}$	15
19	$1\frac{1}{4} + \frac{1}{4} =$	$3\frac{2}{5}$	22
20	$\frac{3}{4} : \frac{9}{10} =$	$4\frac{1}{5}$	20
21	$9\frac{1}{8} + 6 =$	$6\frac{3}{4}$	13
22	$4\frac{1}{5} : \frac{2}{5} =$	$7\frac{1}{2}$	8
23	$1\frac{1}{4} - \frac{3}{4} =$	$10\frac{1}{2}$	12
24	$4\frac{1}{2} + 3 =$	$15\frac{1}{8}$	1

1	$\frac{1}{2} \cdot \frac{1}{3} =$	$\frac{1}{2}$	2
2	$1\frac{2}{5} : \frac{2}{5} =$	$\frac{1}{3}$	24
3	$1\frac{1}{2} - \frac{1}{4} =$	$\frac{1}{4}$	13
4	$3 - \frac{2}{3} =$	$\frac{3}{4}$	23
5	$\frac{7}{10} - \frac{1}{5} =$	$\frac{1}{6}$	10
6	$\frac{3}{10} : \frac{1}{5} =$	$\frac{5}{8}$	3
7	$\frac{2}{3} \cdot \frac{1}{8} =$	$\frac{1}{9}$	14
8	$\frac{4}{5} \cdot \frac{1}{5} =$	$\frac{5}{9}$	17
9	$\frac{3}{4} : \frac{5}{8} =$	$\frac{1}{10}$	22
10	$1\frac{1}{4} + 1\frac{1}{4} =$	$\frac{1}{12}$	6
11	$\frac{7}{8} - \frac{1}{4} =$	$\frac{5}{12}$	21
12	$2\frac{1}{3} - \frac{2}{3} =$	$\frac{1}{14}$	18
13	$\frac{2}{5} \cdot \frac{1}{4} =$	$\frac{3}{20}$	19
14	$1 - \frac{2}{3} =$	$\frac{4}{25}$	4
15	$1\frac{1}{4} - \frac{1}{8} =$	$1\frac{1}{2}$	11
16	$\frac{2}{3} \cdot \frac{5}{8} =$	$1\frac{1}{3}$	15
17	$\frac{2}{7} \cdot \frac{1}{4} =$	$1\frac{2}{3}$	5
18	$\frac{2}{5} \cdot \frac{3}{8} =$	$1\frac{1}{4}$	7
19	$\frac{2}{9} + \frac{1}{3} =$	$1\frac{1}{5}$	8
20	$2 + \frac{4}{5} =$	$1\frac{1}{8}$	20
21	$\frac{4}{9} \cdot \frac{1}{4} =$	$2\frac{1}{2}$	1
22	$\frac{3}{5} : \frac{4}{5} =$	$2\frac{1}{3}$	9
23	$\frac{4}{5} : \frac{3}{5} =$	$2\frac{4}{5}$	16
24	$\frac{3}{4} \cdot \frac{1}{3} =$	$3\frac{1}{2}$	12

Vermischte Aufgaben

1	$\frac{14}{15} - \frac{7}{9} =$	$\frac{1}{2}$	18
2	$4 \cdot \frac{2}{3} =$	$\frac{1}{3}$	8
3	$\frac{5}{6} - \frac{3}{4} =$	$\frac{2}{3}$	5
4	$2 \cdot \frac{5}{12} =$	$\frac{1}{4}$	2
5	$12 \cdot \frac{3}{8} =$	$\frac{2}{5}$	15
6	$1\frac{1}{4} + 2\frac{1}{6} =$	$\frac{1}{6}$	23
7	$\frac{4}{5} : 2 =$	$\frac{5}{6}$	20
8	$6 \cdot 2\frac{4}{9} =$	$\frac{1}{8}$	3
9	$\frac{1}{2} : 3 =$	$\frac{3}{8}$	9
10	$1\frac{1}{2} : 3 =$	$\frac{3}{10}$	4
11	$\frac{1}{2} - \frac{1}{7} =$	$\frac{1}{12}$	24
12	$\frac{1}{20} : 2 =$	$\frac{5}{14}$	14
13	$5 \cdot \frac{1}{3} =$	$\frac{11}{24}$	12
14	$1\frac{1}{8} : 3 =$	$\frac{1}{40}$	16
15	$6\frac{2}{9} - 2\frac{5}{6} =$	$\frac{7}{45}$	19
16	$1\frac{2}{3} : 5 =$	1	6
17	$\frac{1}{4} : 2 =$	$1\frac{2}{3}$	7
18	$\frac{5}{6} - \frac{3}{8} =$	$1\frac{1}{4}$	1
19	$\frac{1}{2} \cdot \frac{3}{5} =$	$2\frac{2}{3}$	21
20	$5 \cdot \frac{1}{4} =$	$2\frac{13}{45}$	10
21	$1\frac{1}{5} : 1\frac{4}{5} =$	$3\frac{5}{12}$	22
22	$9\frac{5}{9} - 7\frac{4}{15} =$	$3\frac{7}{18}$	11
23	$\frac{1}{2} : 2 =$	$4\frac{1}{2}$	17
24	$\frac{3}{7} : \frac{3}{7} =$	$14\frac{2}{3}$	13

1	$\frac{4}{5} \cdot \frac{3}{8} =$	$\frac{1}{2}$	12
2	$\frac{7}{10} : \frac{4}{5} =$	$\frac{2}{3}$	4
3	$4\frac{7}{10} - 3\frac{2}{5} =$	$\frac{1}{4}$	3
4	$5 \cdot \frac{1}{4} =$	$\frac{3}{4}$	9
5	$1\frac{1}{5} + 2\frac{1}{5} =$	$\frac{2}{5}$	8
6	$4 : \frac{5}{6} =$	$\frac{5}{8}$	16
7	$\frac{5}{6} \cdot \frac{3}{5} =$	$\frac{7}{8}$	24
8	$1\frac{1}{5} - \frac{4}{5} =$	$\frac{3}{10}$	20
9	$4 \cdot \frac{5}{6} =$	$\frac{5}{12}$	13
10	$\frac{1}{2} + \frac{1}{4} =$	$\frac{7}{24}$	15
11	$4\frac{3}{4} + 2\frac{1}{2} =$	$1\frac{1}{2}$	17
12	$1\frac{1}{5} \cdot 1\frac{3}{4} =$	$1\frac{1}{3}$	5
13	$2\frac{1}{4} + 1\frac{1}{4} =$	$1\frac{1}{4}$	19
14	$\frac{5}{12} \cdot 6 =$	$1\frac{3}{10}$	21
15	$\frac{1}{2} : \frac{4}{5} =$	$2\frac{1}{2}$	18
16	$\frac{3}{4} - \frac{1}{3} =$	$2\frac{3}{4}$	2
17	$2\frac{2}{3} : 1\frac{1}{5} =$	$2\frac{2}{9}$	6
18	$\frac{3}{8} - \frac{1}{12} =$	$2\frac{1}{10}$	11
19	$\frac{2}{9} \cdot 6 =$	$3\frac{1}{2}$	14
20	$2\frac{3}{8} + \frac{3}{8} =$	$3\frac{1}{3}$	22
21	$1\frac{1}{6} - \frac{1}{2} =$	$3\frac{2}{5}$	10
22	$\frac{2}{3} \cdot 2\frac{1}{4} =$	$4\frac{1}{2}$	1
23	$7\frac{1}{4} - 2\frac{3}{4} =$	$4\frac{4}{5}$	23
24	$\frac{3}{10} \cdot \frac{5}{6} =$	$7\frac{1}{4}$	7

Sachaufgaben zur Bruchrechnung

1 Wieviel Gramm hat $\frac{1}{4}$ kg?

2 Frau Schmitt bekommt 800 DM monatlich. $\frac{1}{4}$ dieses Geldes verbraucht sie für Lebensmittel. Wieviel DM hat Frau Schmitt für andere Dinge zur Verfügung?

3 Mutter kauft $12\frac{1}{2}$ m Stoff. Für ein Sommerkleid benötigt sie $3\frac{3}{4}$ m. Wieviel m Stoff behält sie übrig?

4 Hans bekommt im Monat 10 DM Taschengeld, wovon er $\frac{1}{4}$ für Süßigkeiten ausgibt. Wieviel DM sind $\frac{1}{4}$ von 10 DM?

5 Errechne das Sechsfache von $1\frac{3}{5}$!

6 Frau Schuster näht neue Gardinen für vier Fenster. Wieviel m Stoff muß sie kaufen, wenn sie pro Fenster $2\frac{3}{4}$m verbraucht?

7 Mutter braucht für eine Sahnetorte $1\frac{1}{2}$l Sahne. $\frac{1}{2}$l kostet im Sonderangebot 0,94 DM. Wieviel DM muß sie für $1\frac{1}{2}$l bezahlen?

8 Für die Fertigstellung eines Kleides benötigt eine Näherin $1\frac{3}{4}$m Stoff. Wieviel Meter muß sie kaufen, um 35 Kleider herzustellen?

9 Herr Sievers pflanzt eine 25 m lange Hecke; pro $\frac{1}{4}$m setzt er eine Pflanze. Wieviel Pflanzen mußte er kaufen?

10 Im Werkunterricht soll ein Brett von $3\frac{3}{4}$m Länge in Stücke zu $\frac{1}{4}$m zersägt werden. Wieviel Stücke erhält man?

11 Errechne das Zwölffache von $3\frac{1}{10}$!

12 Der Gärtner pflanzt auf einem $3\frac{1}{4}$m langen Beet eine Reihe Erdbeeren. Wieviel Pflanzen benötigt er, wenn er pro $\frac{1}{8}$m eine Pflanze setzt?

$\frac{1}{4}$	$1\frac{1}{2}$	2,40	2,50	2,82	2,85	$8\frac{3}{4}$	$9\frac{3}{5}$	11	12	12,50	15
7	12	10	13	4	24	17	6	15	11	21	5

13 Herr Meier verdient monatlich 1210 DM. Wieviel DM kann er zurücklegen, wenn er $\frac{1}{20}$ seines Gehaltes spart?

14 Mutter hat $12\frac{3}{4}$ Pfund Kirschen eingekauft, um sie einzufrieren. Wieviel Päckchen erhält sie, wenn jedes $\frac{3}{4}$ Pfund schwer sein soll?

15 Susi wünscht sich eine Puppe, die 22,80 DM kostet. Wieviel Geld muß sie dazulegen, wenn ihre Eltern nur $\frac{7}{8}$ der Summe bezahlen?

16 Fünf Kinder zerschlagen versehentlich eine Scheibe, die 120 DM kostet. Wieviel DM muß jedes Kind bezahlen?

17 Ein Liter Milch kostet 0,96 DM. Mutter kauft jeden Tag $2\frac{1}{2}$ l. Wieviel DM kostet die tägliche Milch?

18 Für ein Kinderkleid benötigt eine Schneiderei $1\frac{1}{8}$ m Stoff. Wieviel Meter Stoff werden für 42 Kleider benötigt?

19 $12\frac{1}{2}$ m Pappe sollen in $\frac{1}{2}$ m lange Stücke geschnitten werden. Wieviel Stücke erhält man?

20 Herr Müller will einen neuen Zaun errichten. Pro $\frac{1}{4}$ m verankert er einen Pfahl in der Erde. Wieviel Pfähle muß er setzen, wenn der Zaun $9\frac{3}{4}$ m lang sein soll?

21 $\frac{1}{4}$ l Sahne kostet 0,60 DM. Wieviel Liter bekommt man für 3,60 DM?

22 $\frac{1}{8}$ Pfund Wurst kostet 1,25 DM. Wieviel DM muß man für $1\frac{1}{4}$ Pfund bezahlen?

23 Mutter verteilt $3\frac{1}{2}$ l Milch in 14 Becher. Wieviel l Milch enthält jeder?

24 Gaby legt jeden Monat $\frac{3}{10}$ ihres Taschengeldes zurück. Wieviel DM erhält sie monatlich insgesamt, wenn $\frac{3}{10}$ ihres Taschengeldes 3,60 DM entsprechen?

17	24	25	26	$37\frac{1}{5}$	39	$47\frac{1}{4}$	60,50	$61\frac{1}{4}$	100	250	600
22	19	9	3	1	8	23	20	2	18	14	16

Forme Dezimalzahlen in Bruchzahlen um!

1	0,01	=	$\frac{1}{2}$	4
2	0,2	=	$\frac{1}{4}$	6
3	0,55	=	$\frac{3}{4}$	9
4	0,25	=	$\frac{1}{5}$	1
5	0,4	=	$\frac{2}{5}$	3
6	0,125	=	$\frac{3}{5}$	15
7	0,35	=	$\frac{4}{5}$	13
8	0,09	=	$\frac{1}{8}$	14
9	0,75	=	$\frac{1}{10}$	16
10	0,5	=	$\frac{3}{10}$	2
11	0,95	=	$\frac{1}{20}$	19
12	0,04	=	$\frac{3}{20}$	5
13	0,15	=	$\frac{7}{20}$	7
14	0,8	=	$\frac{9}{20}$	8
15	0,06	=	$\frac{11}{20}$	10
16	0,02	=	$\frac{17}{20}$	11
17	0,05	=	$\frac{19}{20}$	12
18	0,08	=	$\frac{1}{25}$	20
19	0,45	=	$\frac{2}{25}$	22
20	0,85	=	$\frac{3}{25}$	24
21	0,6	=	$\frac{1}{50}$	18
22	0,3	=	$\frac{3}{50}$	21
23	0,12	=	$\frac{1}{100}$	17
24	0,1	=	$\frac{9}{100}$	23

Forme Bruchzahlen in Dezimalzahlen um!

1	$\frac{5}{8}$	=	0,008	10
2	$\frac{7}{20}$	=	0,025	23
3	$\frac{9}{20}$	=	0,04	24
4	$\frac{3}{8}$	=	0,1	19
5	$\frac{3}{4}$	=	0,125	11
6	$\frac{7}{50}$	=	0,14	17
7	$\frac{1}{2}$	=	0,15	3
8	$\frac{3}{20}$	=	0,175	12
9	$\frac{9}{10}$	=	0,18	9
10	$\frac{3}{5}$	=	0,2	8
11	$\frac{4}{5}$	=	0,225	22
12	$\frac{1}{4}$	=	0,25	6
13	$\frac{7}{10}$	=	0,3	20
14	$\frac{1}{40}$	=	0,35	18
15	$\frac{1}{10}$	=	0,375	15
16	$\frac{9}{40}$	=	0,4	7
17	$\frac{7}{40}$	=	0,45	13
18	$\frac{3}{10}$	=	0,5	5
19	$\frac{1}{8}$	=	0,6	2
20	$\frac{1}{125}$	=	0,625	16
21	$\frac{1}{5}$	=	0,7	21
22	$\frac{2}{50}$	=	0,75	1
23	$\frac{9}{50}$	=	0,8	4
24	$\frac{2}{5}$	=	0,9	14